新潮文庫

ご笑納下さい

私だけが知っている
金言・笑言・名言録

高田文夫著

新潮社版

11018

文庫版まえがき

嬉《うれ》しい。こうして一冊になった事を喜びたい。「私だけが知っている」このシリーズ、一と二が出ているのですが、早くも「祝！」合本化にして文庫化、俗に言う〝完全版〟である。二冊を合体させただけでなく、人一倍サービス精神旺盛《おうせい》な私のペンは走りまくり、この出版に向けてタップリと書きおろしも入っております。私のこのコミカルな脳味噌《のうみそ》と無印のノートにメモられたおかしな話の数々を皆様にご笑納頂けたらこれ幸い。私が知る笑言者達のお言葉です。

ある作家が私を評してこう書いていました。

「無駄口と反射神経と間《ま》の良さだけで〝センセー〟と呼ばれるようになった男。おまけに一切、悪気のない男」。言ってみりゃ落語の「居残り佐平次」みたいな人間か（奴《やっこ》さんとは生涯の友達である）。

人一倍大きな目で、この東京ですべてを生で見てきたという自負はある。

このギョロ目はアベベも志ん生もビートルズも目の前で見てきた正しいおっち

ょこちょいの東京の目だ。

意地とプライドを通した沢田研二とまったく同じ日に生まれた70歳。芸界にとびこんでからも50年になろうとしている。

ありとあらゆる話、声、噂《うわさ》、悪口、ガセネタをきいている。人と人とがからみあうからこそのマスコミュニケーション。私は根っからの東京の子だから山や川より、人間が好きなのだ。

私が秘《ひそ》かに尊敬しているホリプロの創業者・堀威夫《たけお》氏が雑誌のインタビューでこう答えていた。「月に一度くらい、顔を見て一杯呑《の》みてぇなぁと思う奴《やっ》と、よっぽどの用事がない限り顔も見たくない奴がいる。これが年をとってくると男の差となって出てくる」

私はいつも一杯やりたいなぁと思われる魅力的な男でありたい。芸能界というのは人間と人間の世界だからこういういい話がきこえてくる。さあこの本は、そんな人間くさい人達の金言やら笑言、名言集です。

芸能ばかりではありません。私のラジオをいつも聞いているという伊豆《いず》のお寺の御住職から手紙がこの夏届いて、

「勝ちすぎない。負けすぎない。引き分けは勝ち点一だということを忘れないで下さい」とあった。私が大病して休んだことなどすべて知ってるのだろう。さすがお坊さん、いい事を言う。若い頃は勝ちをあせりすぎたものなぁ……。人生は引き分けで勝てるなら気も楽。永六輔《えいろくすけ》も居なくなった今、色んな所のお坊さん達が色んな事を教えてくれる。これも私が一杯呑みたい男だからだろう。

仕事が丁寧な新潮社、一と二が刊行された時の「まえがき」も入っております。

平成最後の冬
高田文夫

まえがき

不整脈なる大病で8時間の心肺停止（2012年4月）。

そこから不屈の洒落《しゃれ》っ気で大復活。半分以下に抑えてはいるが、こうして仕事も無事に再開。大病明けの人生は、自転車と同じで倒れないように少しずつ走り続ける。

その分、脳味噌《のうみそ》の方はまだまだ現役。ベッキーにSMAP、清原、そして狩野《かの》英孝《えいこう》だって、時事ネタは常にラジオで生で喋《しゃべ》れる。回転の速さは神保町《じんぼうちょう》の人気喫茶と同じだ。

再び仕事をし始めて気がついた。テレビ・ラジオ・新聞・雑誌・ライブで皆、面白いことを言っている。このままスルーするにはもったいない。気に留まったものは忘れないようにメモっておこうと心掛けた。これが大病明けで変わったこと。言葉のメモと趣味さんぽ。そんな時、新潮社のOなるおっちょこちょいが、いいタイミングなのに、マヌケな面《つら》でやって来て、

「新潮ですよ。矢来ですよ矢来！　志ん朝師匠が生前住んでいた矢来ですよ。高田センセーのお父様がその昔、遊びまくっていた神楽坂《かぐらざか》もすぐそこです！」

余計な事は言わなくていい。

志ん朝も談志も、小さい頃から大好物のお兄《あに》ィさんである。Ｏは言う。

「どうです？　色んな言葉集めてみませんか。夏休みの宿題みたいな料簡《りょうけん》で……ヨシッ、集めましょう」

カブト虫か⁉

ストックはそこそこあった。他人様《ひとさま》の言ったことは書ける。しかし自分が人生の中でポツリと言った67年間の物凄《ものすご》い量の面白フレーズは誰一人、メモっていないことに気がついた。

大阪万博から46年、私も社会へ出て放送作家になって45年。相当つっこみ、笑わせてきた自信はある。なんだかんだで40年以上は、10人近くの弟子のようなものが、とっかえひっかえ居たが、揃《そろ》いも揃って気がきかないから書いちゃいない。クゥ〜、もったいない。

そこで今回は主に他人様がポロリともらした金言・笑言を自分流にコレクショ

ンしてみました。言っておきますが、人生の役にはまったく立ちません。悪《あ》しからず。

ああ、早く第二弾出したい（せっかちにもほどがある）。

２０１６年　春　　高田文夫

忖度《そんたく》なしの〝まえがき〟

いまこれを書き出した時、窓の外は桜が満開である。

〝世の中は　三日見ぬ間の　桜かな〟

年を取ると1年なんかアッという間である。世間ではあんな事、こんな事、めまぐるしく色々な事が起きては忘れ去られていく。半世紀近く放送の業界に居ると特に慌《あわ》ただしく忘れ去ってしまう事ばかりである。

私なぞ〝送り放し〟の作家と言われる文字通りの〝放送作家〟である。50年近くを、半分がテレビの台本書きとして、半分がラジオパーソナリティーとして生きてきた。

言葉を放り出した瞬間、その文字はスタジオへ、空中へ飛び散りすぐに消えてゆく。何千万、何十億という言葉を記しておくことはできないのか。私の家は父も出版社を経営していたし、親戚《しんせき》も皆、出版社だった。本を大切にする家だった。私がものを書くのもいわば家業であり、天職だったのかもしれない。22歳で芸能マスコミの世界に勝手に飛び込んで、2017年6月で69歳である。

思えばこの永きに渡って、運と私の才能と人柄もあるのだろうがレギュラー番組と連載が途絶えたことがなかった。若き日はテレビ番組を常に6～7本やっていたし、後年のラジオも帯だから週に5日である。その間、2012年不整脈による心肺停止なんぞという人騒がせなこともあって半年間の途中休場というとんでもないピンチも体験しましたが……。

〝さまざまの　こと思い出す　桜かな〟

あんな事もあった、こんな事もあった、あと何回、桜を見られるのか。さまざま思う。心のメモ帳にちょっとメモっておいたものをまた御披露する事としよう。振り返れば2年前、この桜が咲く少し前。新潮社のOを名乗る汗っかきでおっちょこちょいな男が「集めちゃいますか、色んなお言葉。特に下らないヤツ。世の中に〝名言集〟は吐くほどありますけど、〝笑言集〟を出せるのは高田センセ～あんただけ！」とまったく尊敬していない顔で言った。

人生に役に立たない「お言葉集」も残しておいた方が愉快かもしれない。愉快な方が人生は豊かだ。本にしておかなければ消えてしまうものばかりだ。それで昨年春に出したのが『私だけが知っている金言・笑言・名言録』。これが予想に反して少し売れたから、少しだけ喜びほくそ笑む。で、再びOがやってきて「早く第二弾出したいって、まえがきで書いたでしょ。17年の春、遅くとも6月には出したいのでPART2よろしく」と、神楽坂《かぐらざか》の安酒場で一杯呑《の》まされたので、こうして書いた次第。

テレビの中で元SMAP（あの騒ぎもたった1年前の事だ）の中居正広が言っていた。

「大丈夫、明日になれば、今日は昨日」

ウーン、そういうものか。色々な前向きな考え方を表す言葉もあるものだ。テレビからラジオから、寄席《よせ》で喫茶店で町の中で、呑み屋の一角で色々な声、言葉が聞こえてくる。

「オギャー」と生まれる母のお腹《なか》の中から始まり、最後の「御臨終です」の声を聞くまで、耳だけは聞こえている。五感の中で生涯一番長く使用するのが耳である。芸能の世界も一番大切なのが耳である。芸のいい奴《やつ》は耳がいい。

ひと一倍、聞く耳を持って文字に残したのがこのシリーズである。苦しい時、辛《つら》い時、嫌な事があった時、そっと開いてみてください。悩んでいるのがバカらしくなります。

２０１７年　春　　高田文夫

目次

文庫版まえがき
まえがき（2016年春）
忖度なしの〝まえがき〟（2017年春）
第一章　金　言　17
第二章　笑　言　133
第三章　名　言　261

扉イラスト　佐野文二郎

ご笑納下さい

私だけが知っている金言・笑言・名言録

第一章 金言

「ワイドショーは、どんなタレントが亡《な》くなっても〝名優〟、〝大歌手〟にしてしまう」

（永六輔《えいろくすけ》）

この言葉には続きがあって、

「無名の歌手は亡くなると〝幻の大歌手〟となる」

これは有名なエピソードだが、どんなに昭和の大名人でも「死ぬ間《ま》（タイミング）」が悪いと、ずっとネタにされる。

絶妙な〝名人の間〟を持っていた六代目三遊亭圓生《えんしょう》（先代圓楽《えんらく》の師匠。昭和の名人と呼ばれた）だが、死んだ〝間〟が悪かった。

当時、大人気だった上野動物園のパンダと同じ日に死んだのだ。

大新聞が揃《そろ》って大きく「パンダ死す」。下に小さく「圓生も」とあった。昭和の名人も珍獣以下の扱いとは……トホホ。テヘッ。「も」である。

かの立川談志は、生前から当人が決めていた見出しが、そのまま新聞に出た。

上から読んでも、下から読んでも、
☆
「談志が死んだ」

たこ八郎の時は、可哀想《かわいそう》に「たこ溺死《できし》」だとさ。

ハナ肇《はじめ》なんか「アッと驚く為五郎《ためごろう》」だよ。ひどすぎだ。

まだまだ。「谷啓死す。ガチョーン」。

だったら、タモリが死んだら「笑っていいとも！」と出るのかネ。

２０１６年に入ってからは、死んではいないがいい見出しは、ひと言「清原、打ち過ぎ！」。

【文庫追記】70年も生きていると色んなことが想《おも》い出されていく。その断片をひろって書いていくのがこの本。

「私の想い出には際限と門限がない」。

「猫にごはん」（春風亭昇太）

春風亭昇太の座右の銘である。色紙を頼まれるとよくこのフレーズを書いている。昇太の芸風によくあっているホワーンとした洒落《しゃれ》である。

私の生涯ベスト10に入る洒落は「覚醒剤《かくせいざい》の喫茶店」。何かピリッとしていていいでしょ。元はガロの『学生街の喫茶店』である。マーシーやら色んな人が捕まるとこの洒落がライブなどのトークで脚光を浴びる。こんな喫茶店が神田《かんだ》あたりにあったら、清水健太郎やらＡＳＫＡやらが入り浸って大変だ。と、書いていたら清原が来た。

☆

余談ですが、昇太は１９８９年4月から始まった『高田文夫のラジオビバリー昼ズ』（11時30分～13時。ニッポン放送）スタート当初からのレギュラー。まだ真打ちになる前の二ツ目だった。月曜から金曜までの帯でずっと私が5日間、毎日出勤していたが、２０１２年に不整脈から心肺停止で倒れ、『ラジオリハビリー昼ズ』となって今は週に2日か3日が出勤日である（オレはバイトのホステスか⁉）。一応、レギュラー陣を書き記しておくと、月曜が私と松本明子、火曜は東貴博《あずまたかひろ》と新保友映《しんぼともえ》アナウンサー、水曜は昇太と乾貴美子《いぬいきみこ》、木曜が清水ミチコとナイツ、金曜が私と松村邦洋《くにひろ》、磯山《いそやま》さやか。平日の昼のラジオとしては豪華すぎるラインナップだと思う。東京笑芸界の「ラジオ長屋」といった趣き。

２０１６年は28年目に突入ということになる。案外目立たず長寿番組である。ひっそりと迷惑かけずに朗らかに……これぞ江戸前！　裏のＴＢＳは30年続いた大沢悠里《ゆうり》が２０１６年の春、幕を閉じた。

ちなみに、他のメンバーの座右の銘は、

「もらう、拾《ひろ》う、タダ」（松本明子）

「隣人は芸の肥やし」（清水ミチコ）

「ご心配停止」（松村邦洋）↓松ちゃんも２００９年の東京マラソンで心肺停止。

ライブにおける私と松村の登場曲は、桑江知子《ともこ》の『私のハートはストップモーション』である。

【文庫追記】火曜日現在は新保に代わって山根千佳。

「喜ぶな　上司と野球にゃ　裏がある」

（サラリーマン川柳）

サラリーマン川柳というのもなかなか楽しい。私もこの一句に、お返しの一句を創《つく》ってみた。

〈喜べよ　野球とビデオにゃ　裏がある〉

もう「裏ビデオ」なんて言って喜んでいる時代じゃないのか。裏スマホ？　あぁ『洗濯屋ケンちゃん』がなつかしい。あの名作……たしか本棚のどこかにあったはず……。

☆

孫いわく「えーッ？　お爺《じい》ちゃん本当？　CDに裏があったのォー？」。レコードを知らない。あれはA面とB面といってな……AとBの次だからCDと云《い》うのだと、ウソを教えてやった。

「稽古《けいこ》の間は大根役者と思え 舞台に上がったら千両役者と思え」

（昔の看板役者）

奥深い言葉ですな。

大根役者とは下手な役者にあらず。大根は生でも煮てもおろしても、決して当たらない。お腹《なか》にいいのが大根。だから〈大根役者〉とは、当たらない役者ということ。江戸で1日千両動いたといわれる場所が、吉原《よしわら》と芝居町と河岸《かし》。合わせて日に三千両である。

圓生《えんしょう》がマクラに使った川柳に〈日に三箱　鼻の上下　へその下〉がある。箱とは千両箱、鼻の上とは目のこと。歌舞伎《かぶき》を見ることだ。鼻の下とは口で、食べ物を商う魚河岸のこと。そしてへその下とは勿論《もちろん》、吉原のことである。

誰かが言った。「人気は高さじゃない。長さだ」

内海《うつみ》桂子《けいこ》、黒柳徹子、永六輔《えいろくすけ》、桂米丸《かつらよねまる》を見ているとしみじみそう思う。「長生きするのも芸の内」を座右の銘としたのが名人・桂文楽（八代目）。近頃の年配芸能人は〝認知と実力〟を併せ持っている。

☆

晩年の林家正蔵《しょうぞう》（八代目）に、「師匠はもうろくしませんね」と言ったら、「バ〜カ〜野郎〜ッ、オレはもうろくじゃねえ〜、彦〜六だァ〜ッ」

そしてもう一ついい言葉を。先年亡《な》くなった小沢昭一《しょういち》。こんな事を言っていた。「ほめられない内が華」

まったくだ。私なぞ〝無冠の帝王〟（注射を打たない清原だ）。唯一《ゆいいつ》もらった賞が第11回「みうらじゅん賞」のみだったと思う……。

「芸者の子　タチッテトンと　カナを読み」（川柳）

なんとも艶《つや》っぽい。私の大好きな川柳だ。色町で育った人というのは情があって何ともいい。川崎の色町育ちが坂本九。渋谷の円山町が、我が友にして日本大学芸術学部落語研究会の愛すべき後輩、森田芳光《よしみつ》。そして横浜が桂《かつら》歌丸。マニアックに墨田の玉の井が三遊亭圓歌《えんか》（三代目）に滝田ゆう。ふたりは同級生って言うんだから粋《いき》なもんだ。

豊かな色で「艶」である。私も負けずに一句創作。

〈お妾《めかけ》が　天職ですと　蚊帳《かや》を吊《つ》る〉

【文庫追記】お妾も蚊帳も、もはや死語のようですな。

それにしても「立つ」「女」と書いてお妾とはうまいもんですネ。

艶っぽい句というのもいいもんで。十代目柳家小三治（人間国宝）が雑誌で「御自身の代表句を一句挙げて下さい」と言われ、

〈旧姓にもどりましたと秋めく日〉

いいですねぇ。また何かが始りそうですネ。秋めく日はときめく日なのです。

私も負けずに作ってみました。

〈女郎花《おみなえし》　喪服《もふく》の女《ひと》の　朝帰り〉

〈初キッス　そこから見てたか　奴凧《やっこだこ》〉

色っぽくない処《ところ》では――

〈ガラケーの　ごとく腰折る　冬婆《ふゆばば》ァ〉

「人間万事可愛気《かわいげ》」（高田の金言）

様々な書物を読んで導き出した私の金言。東大出の頭脳を持とうが、人一倍の努力家であろうが、可愛気のある奴《やつ》にはどうやっても敵《かな》わない。男も女も可愛気のない奴はなんだかシャクにさわるもの。可愛気とはもって生まれた才能らしい。トンチンカンでも毒を吐いても可愛気があればいい。

長嶋《ながしま》茂雄、勝新太郎、立川談志、横山やすし、ビートたけし……ｅｔｃ。男が見てもどこか可愛いから許される。

夕暮れになっても白球を追いかけているような「稚気」を持ち合わせているのだ。稚気を持ち続けられるパフォーマーは皆から愛される。

中村勘三郎（十八代）がそうでした。

「型がある人間が破るから型破り」（中村勘三郎）

２０１２年に死去してしまった中村屋さんが、好んでよく口にしていた言葉。

「型がある人間が破るから型破りで、型が無い人間が破ればそれはカタ無し」

新作に情熱を燃やしていたと思われがちだが、それ以上に古典、型を最重視していた人。私も談志師匠らと共に、よく楽しいお酒を御一緒した。

思えば２０１１年の大震災があった年から翌年にかけては大変だった。秋に談志が亡《な》くなり、冬に盟友、森田芳光《よしみつ》監督が亡くなり、あけて２０１２年2月に勘三郎の提案で浅草の平成中村座で「談志追悼落語会」。私と勘三郎が司会で談春、志らく等が一席。その後《のち》4月に私が不整脈で心肺停止8時間、3か月間入院して出てきたら勘三郎が入院の噂《うわさ》。その年の12月に亡くなってしまった。「さよなら」を言いすぎて私も疲れ、いま思えば人生の踊り場に居た。

私の心にも肉体にも大津波がやってきたような2年間だった。

【追伸】チャキチャキの江戸っ子を絵に描いたような浅草の老舗《しにせ》扇子屋「文扇堂」四代目の荒井修《おさむ》ちゃん（我々は、修ちゃんと親しみを込めて言う）が書き下ろした『浅草の勘三郎』がとにかくいい。

平成中村座を立ち上げる時からの地元の人間の努力や夢のあれこれが描かれていて、とても素敵だ。修ちゃんと私は日芸での同級生。何かあると集まり、やいのやいの。江戸の人は口うるさいが気持ちがいい。

江戸の人の未練がましくないやせ我慢が好きだ。

私だって父は浅草、のちに赤坂で日本の歴史の本の出版社経営。

母は渋谷の鳶《とび》の頭《かしら》の娘という、心意気は江戸っ子。

昔の人は言いました。

「あっさりと恋も命もあきらめる江戸育ちほど哀《かな》しきはなし」

☆

原稿の最終チェックをしていた。2016年2月22日、荒井修が逝《い》った。江戸っ子は死ぬのもせっかかち。

「親の死に目には会えなかったが自分の死に目には会った私」「さあどっち？　オレの寿命かＬＥＤ」

（高田の金言）


あ〜あぶなかったなぁ。心肺停止の8時間だよ。私は命を二度、もらっている。

一寸《ちょっと》いい事書いちゃうよ！

「母親に産んでもらった」

そして、

「妻に助けてもらった」

命を二度、もらってる。せっかく二回ももらった命。大切に使おう。こうなったら死ぬまで生きてやる。命を運んでくれるから〝運命〟なのだろう。

【文庫追記】占いなどで売れているというタレントの島田秀平が2018年夏いきなり私の所へ来て「お願いです。センセの手相見せて下さい」「やだよ。オレ絶対そういうの信じないもん」「大丈夫です、大丈夫です」と私の手の平をずっと見ておどろいた。

「すごーい。生命線がやっぱり二本あり、あり、ありまーす」と感動。「やっぱり二度生きる人は違うわ。他には生まれてから死ぬまで金で不自由する事はありません。ただここの線……子供っぽい部分が。チャイルドプレイには気をつけて」だと。松村邦洋《くにひろ》も二本あったそうな。だったらたけしは三本あるのか？

「よい客が　よい板前をつくる」

(ドキュメンタリーで見た赤塚不二夫《ふじお》の色紙)

まったくその通り。かの古今亭志ん生も〈噺下手《はなしべた》　聞き上手に　助けられ〉と詠《よ》んでいる。

ということは「いいリスナーが、いいパーソナリティーを作る」という事だ。『高田文夫のラジオビバリー昼ズ』は27年間、いい客だらけ。西村賢太、宮藤官《くどう》九郎、浅草キッドの玉袋筋太郎《すじたろう》、阿部《あべ》サダヲら、みんなこの番組を聞いて大きくなった。永六輔《えいろくすけ》は私がいい聞き手だった。永さん、ありがとう。

ハガキもよく投稿して採用され、薄謝を稼いだ。〝ハガキ職人〟という言葉は『ビートたけしのオールナイトニッポン』によく投稿してくる、ベン村《むら》さ来《き》が最初に使った。

私の『ビバリー昼ズ』をずっと聞いているコアな連中を〝ビバリスト〟と名付

けたのは水道橋博士。

☆

余談だが、今は普通に使っている「カツゼツが悪い」。きっと「滑舌」と書くのだろうが（最近は普通に見るようになった）、辞書にも載っていなかった。あるのは「円滑」や「滑走」だけ。

25年前、春風亭昇太が「カツゼツが悪いんですよ」と私に泣きついてきたのが最初。以来、何言っているか分からないのを「カツゼツが悪い」とした。

この言葉を普及させたのは昇太。間違いない。

☆

あと分からないのがやたらテレビで皆な言う「彼にはのびしろがありますから」。何だよ、のびしろってさー。そんな日本語あるのか。あるとしたら〝のりしろ（糊代）〟だろ。オレにゃもうのびしろは無いのかネ。

【文庫追記】２０１８年10月24日放送のＮＨＫ ＢＳプレミアム『たけしのこれがホントのニッポン芸能史』の「ラジオ特集」でたけしは「オイラには高田文夫

という日本一の客がいたからネ。どんどんのせてくれて、しまいにゃ自分でオイラより面白いシャレ言って笑ってんだから」。この放送によるとスタッフが声出して笑ったりしゃべり出した第一号なんだとか。私が革命児らしい。

「恋が着せ、愛が脱がせる。」

（その昔の伊勢丹《いせたん》のポスター）

恋愛のクライマックスは、この着脱の過程をいうらしい。確かに恋をすりゃおしゃれにもなるし、こっちからしてみればそのおしゃれなブラウスを脱がしたくもなる。私も社会へ出たばっかりの1970年代初めの頃、伊勢丹に居た姐《ねえ》ちゃんを裏の社員出入り口の処《ところ》で待ってた事がある。山口小夜子《さよこ》のようなおかっぱだった。そう、あの富士そばのある辺りで待っていたっけ。中では立ち食い、私は立ち待ち。COWCOWのようなシャツを着て待っていた。そりゃフラれるわ。

社会へ出る前。学生運動華やかなりし頃。1968年、作家の橋本治《おさむ》コピーの東大駒場《こまば》祭《さい》ポスターが話題を呼んだ。背中に入れ墨の若い衆の横に、〈とめてくれるなおっかさん　背中のいちょうが泣いている　男東大どこへ行く〉

と書かれていた。我が、男日大はどこへも行かなかった。

【文庫追記】こうは書いたがまさか2018年、日大がこんな騒ぎになろうとは。すべてがアメフトの悪質タックル、題して「後から前からどうぞ」から始まった。マスコミ対応をするキャラクターの濃い人々。一切出てこない田中理事長。阿佐《あさ》ケ谷《や》では「ちゃんこ料理たなか」が有名。そんな中、「週刊新潮」にやられた我が子分。「爆笑問題・太田光《おおたひかり》、裏口入学」。私、太田、志らく、宮藤《くどう》官九郎という のは日芸の黄金タテ社会文化なのだ。この節すっかりニュースコメンテイター面《づら》 している志らくが言った。「日大芸術学部の人間というのは必ず日芸と言う。日芸というプライドと日大という劣等感を抱いて生きている」だとさ。

「芝居は無学の早学問」

（昔のありがたい言葉）

江戸の昔はお芝居を見て様々学んだのだろう。その後、書籍を経てテレビが教養の早学問となった。テレビが普及したその時、偉大なるジャーナリスト大宅《おおや》壮一は〝一億総白痴化〟と呼んだ。今では「スマホは無学の早学問」である。

ある男が私に聞いた。

「二宮金次郎ってのは、歩きながらスマホ見てたんすかねぇ？」

だとさ。校庭にあったあの像も消えつつある。

――こんなことを書いたらCMで金太郎が好評の濱田《はまだ》岳《がく》が、二宮金次郎をやりだした。ひと回り、ふた回り、十回りぐらいして、今なぜか二宮金次郎。

濱田岳は2015年暮れにTBSで放送された『赤めだか』でも志らくを演じ、みごとな異様者ぶりだった。談春役を嵐《あらし》の二宮クン。談志役をビートたけし。なのに私の役はラサール石井だった。みんなに笑われた。

【文庫追記】二宮金次郎ではないが、思えば我々、終戦直後から立ちっぱなしだった。幼き日は本屋で「立ち読み」。帰りに「立ち話」そして「立ちション」。大学入れば「立ち喰い」そばを覚え、金が無いのでせわしなく「立ちマン」。芸能の世界へ入れば「立ち稽古《げいこ》」で「立ち位置」を間違え「立ち往生」。仕事にも「立ちくらみ」して「立ち退《の》き」。帰りはわびしい「立ち呑《の》み」そしていつしか誰も立たなくなった。ああ「立ち場」もない。

「膝《ひざ》とおふくろ大切に」（高田の金言）

まぁ江戸っ子の洒落《しゃれ》遊びですな。思いつくままメモしているので、これがけっこう沢山作ってある。

〈金魚のフンと信用は　キチンとあとからついてくる〉
〈返事と結婚は　一回で済ませる〉
〈おわびと最終電車は　遅れると一騒動〉
〈結婚とカルタ取りは　早まるとお手付きがある〉
〈悔いとご飯は　残しちゃいけない〉
〈おだてと空車には　すぐに乗れ〉
〈お礼と出前は　速い方が喜ばれる〉
〈ゼイ肉と皮肉は　もう身に着けている〉
〈このセーターと血圧が高いんだ〉
〈出川と狂犬は人前でもよく噛《か》む〉

津軽の方ではこんな事を言うらしい。

〈嫁と猫は近くからもらうな〉

〈ポコチンとカンニング竹山は、上手にいじると凄《すご》いのが出る〉

アハハ、専門的すぎるし、その前に下品すぎました。失礼！

それにしても大変なのは〝サンミュージック〟。

例ののりピーのニュースの時はベッキーが必死に働いてその補塡《ほてん》をし、今回ベッキーのニュースの時はカンニング竹山がしゃかりきに働く――が竹山じゃ追いつかない。ウ～ン「ゲスの極みだ！」。これだって元はハマカーンの名言。

さあ、最後に極めつきはこれ。

〈心臓止めるな　タクシー止めろ!!〉

【文庫追記】私は「人生は七味とうがらし」と解いている。七ツの「み」が大切。うらみ・つらみ・ねたみ・そねみ・味見・月見・花見である。

「シェ～ッ」イヤミである。

「買えるなら　金で買いたい　好感度」

（中村獅童《しどう》）

やんちゃすぎてやたらスキャンダルだらけだった頃に獅童が詠《よ》んだ。私は大笑いした。２０１５年、可愛《かわい》いお嬢様と結婚。私も招待され伺ったが、心あたたまるいい披露宴だった。大好きだったおじさま中村勘三郎を亡《な》くし、マネジャー役もやっていたお母様も亡くし、ボロボロだった獅童をよくぞ受け止めた新妻。もう好感度は買い占めなくて大丈夫だろう。

☆

好感度といえば、２０１６年に入ってＤＡＩＧＯと北川景子の結婚会見。ベッキー騒ぎやＳＭＡＰ騒ぎの時期と重なったので、より好感度がＵＰ。

さすが竹下元首相の孫。ついでに消費税下げろ。下げたらもっと人気でるぞ。

「黙って食え」（立川談志）

ラーメン屋などで色紙を頼まれるとこう書いた。書くだけ親切。中には「この店のことはよく知らない　談志」などとも書いた。

よく色紙に書いた言葉は、「銭湯は裏切らない」「人生成り行き」「親切だけがひとを納得させる」そして、

「高田のバーカ」

☆

今の圓楽《えんらく》（前の楽太郎）、ドサッと出された色紙の山に書くのも飽きちゃったんだろう。2枚、圓楽ではなく〝目薬〟と書いたものがある。

三遊亭目薬……たしかに字面《じづら》はちょっと似ている。


【文庫追記】食べ物に関して永六輔《えいろくすけ》が書いていた。

「テレビに出て、何か喰っちゃ『旨《うま》い』とか『不味《まず》い』とか言っているタレント

がいるけど、カメラの前で喰って旨いものなんかありません」

「流れる水は腐らない」（春風亭柳昇）

当たり前だけど何やら奥が深い。湖というのは何処《どこ》からか水が流れ入ってきて、何処かへ流れて行っている。だから濁ることはない。沼というのは水が変わらないからドローンと濁っている。談志は言った。

「気持ちいいのが湖。気持ち悪いのが沼」ごもっとも。

その後で、こうも言った。

「ブルー・コメッツがいるのが湖だ」ニュアンスは分るが〝泉〟である。

☆

で、柳昇だが、ひょうひょうとした味わいで人気のあった、昇太の師匠である。

こんな言葉も残している。

〈富士登山　八合目までダウンして　あとの二合はお酒でみたす〉

毎年弟子を連れて富士登山をしていた。一門、誰も十三回忌だと気付かないので2015年9月7日、十三回忌の「柳昇チルドレンの会」を私のプロデュースでやった（紀伊國屋《きのくにや》ホール）。桃太郎、鯉昇《りしょう》、昇太。柳昇の遺族も忘れていて20名が前売りを買って集まってきた。呑気《のんき》な一家で呑気な一門。

春風亭は他にも柳朝（五代目）の弟子たちの一門もあって近頃、落語界で一番威勢がいい。わけても春風亭一之輔《いちのすけ》。日大芸術学部落語研究会出身で私の後輩。少しは売れてきたので表に表札を出して「春風亭」と小粋《こいき》に。

するとやたらとピンポンダッシュが増えた。ある日、子供をとっ捕まえて、

「何でこんな事してんだ？」

すると子供。

「お父さんが、あの家は小朝か昇太か確かめろって」

春風亭はこの二人だけじゃないのよ、お父さん。

「人生、下り坂最高」（火野正平）

BSの番組で、全国をチャリンコでまわっている火野正平が元気だ。面白い。「下り坂の良さは、上り詰めてみないと分からない」なんて奥深いことも言っている。これ読んでる人だって上り詰めたことのある人なんて居ないでしょ。私も最高の下り坂を、花道を行くジャイアント馬場のように、ゆっくりと降りて行きたい。

それにしても若き日の火野正平はよくもてた。今もかもしれないが。当時の芸能界の女性、約半分は火野と何かがあったと噂《うわさ》された。

火野正平の偉くて凄《すご》いところは、共演者の中でも二番手三番手へ行って、主役級は一番手の男優にキチンとゆずったというルール上手の紳士協定。近頃は本当の意味で、火野のような艶《つや》っぽい役者はいなくなった。

「雀《すずめ》百までお釣り忘れず」（高田のことわざ）

踊りができるより、100歳でお釣りをさっと出せる方がずっと偉い、凄《すご》い。この雀はきっと煙草屋《たばこや》の店番かなんかしてたんだろうな。暗算の能力も高い雀だ。〈雀〉にはおしゃべりな人、ある所によく出入りして事情にくわしい人の意味もある。例として楽屋雀など。ごくわずかなものの例えとして「雀の涙」がある。若き日のビートたけしが連呼していた句が、

〈雀の子　そこのけそこのけ　あそこの毛〉

☆

ちなみに悲しい別れ方をした、上方の爆笑王・桂枝雀《かつらしじゃく》の名言。「笑いとは〝緊張の緩和〟である」。素晴らしい雀である。枝雀、もし生きていれば今回の文枝《ぶんし》〝オヨヨ不倫〟をどう見たであろうか。『新婚さんいらっしゃい！』ではもう浮気話はできなくなるのでは……いま鶴瓶《つるべ》が椅子《いす》からコケる練習をしている。

「テレビが開局60年記念とか言って騒いでいるけど、この60年でこれだけ堕落したジャンルって珍しいんじゃないかな」

（永六輔《えいろくすけ》）

おっしゃる通り。堕落のきわみである。テレビの開局記念の実験放送の台本から書いてきた人の言葉は重みが違う。私でさえ、この20年は一切テレビとは関わらないよう生きてきた。他の仕事のジャンルならもう返品の山だろう。返品したい番組ばかり。時々そのまま納品したい番組もあるにはあるが……。

☆

「もうこれが最後かも」と、早とちりして2014年、永六輔と私とのふたり会、トークライブを2回、下北沢の北沢タウンホールで行った。「上を向いて歩こう」ではなくてタイトルは「横を向いて歩こう」。サブタイトルが「パーキンソンvs心肺停止」。2回とも大爆笑だった。お互いまだまだ大往生はしない予定。

☆

数ある「作詞永六輔」作品の中でも「私が一番好きなのは『黄昏《たそがれ》のビギン』」と言ったら「あれ僕は書いてない」と言われ大ショック。中村八大が書いて「名前貸せ」と言われたとか……。

【文庫追記】やたらと永六輔の孫から電話があり「ゴハン食べさして下さいよ」。若い連中と一緒に何回か呑《の》んだ。永拓実《たくみ》。生意気にも東大生である。18年現在2年だったかな。母親がその昔フジテレビのアナウンサーだった永麻理。「結局お前は将来なんになりたいんだよ」と聞けば少し間があって「やっぱ女の子にキャーキャーいわれるアイドル的な作家かな」だと。こっちが遠くへ行きたくなった。

「1か月もあれば、テレビで有名人は作れる。その代り、無名人になるには10年かかる」（高田の金言）

スギちゃんや、ラッスンゴレライ（8・6秒バズーカー）のように、一気にテレビに露出しまくれば1か月で町を歩くと声をかけられるようになる。

私も20年くらい前まではよくテレビに出ていたので、町の中でも声をかけられたが、執筆とラジオだけに絞ったらまったく誰からも気づかれない。電車ものびのび。20年かかったが快適な暮らしぶりである。

たけしやタモリ、ずっと有名人でいるというのも辛《つら》いものがあるのだろう。

☆

そんな折、2016年の年賀状、稲川淳二《じゅんじ》がこんなことを書いてきた。

「テレビをやめて14年（夏だけは忙しく出てますが）、怪談の全国ツアーは24年目を迎えます。私もいい妖怪《ようかい》になってきました」

自分の意志で露出を止《や》めているのだ。その代り夏の全国ツアーはどこも超満員。稲川淳二とTUBEは夏の季語なのである。

元祖リアクション芸人、根っからの東京っ子、小学校からの幼なじみが安岡力《りき》也《や》。アハハ、ホタテをなめるなよ。

水木しげる先生亡《な》きあと、いい妖怪は稲川淳二ただ一人となった。

【追伸】大槻《おおつき》ケンヂが言っていた。「人は人の偉業を語る義務がある」まったくその通り。

私もこの料簡《りょうけん》でやっている。すごい人は語り継いでいかねば……。

【文庫追記】語り継いでいかなきゃいけない人が2018年も次々と亡くなっていく。西城秀樹《ひでき》、さくらももこ、樹木希林《ききりん》、輪島……。希林晩年の言葉。「自分が生きたことのゴミを出さないようにはしてますネ」「結婚なんて若い内にするものなの。物ごとの分別がついたらできっこないんだから。あんなものは」

「辞書は【あい（愛）】に始まって【わんりょく（腕力）】に終わる」（高見順）

作家の高見順がこう言ったと書いてある。私が調べたところ、辞書も人生も【嗚呼《ああ》】で始まっている。

嗚呼、切ないねえ。嗚呼、だけが人生。

「泣きながら生まれてきたんだから、せめて生きているうちは笑って、死ぬ時ゃみんなに泣かれるがよい」（by文夫）

☆

一番親しかった人の葬儀へ行った明石家《あかしや》さんまと村上ショージ。泣かないさんまを見てショージが「さんまさん、何で泣かないんですか」に「アホか。涙はお前の葬儀にとってあるんや」。村上ショージより先に逝《ゆ》くつもりはない。

「風が吹くとカラオケ屋が儲《もう》かる」（高田のことわざ）

その昔は「風が吹けば」「桶屋《おけや》が儲かる」。何故《なぜ》だか知っている人は少ない。

風が吹くと砂ぼこりが舞い、目に入って失明する。

盲人となったら江戸時代はいわゆる按摩《あんま》か、三味線を弾いて歌うくらいの仕事しかなかった。

やたら増えた盲人が三味線を買って歌い出す。

三味線が売れると猫の皮がたくさん必要となる。

猫が江戸から減ったらネズミが増える。

増えたネズミが桶をかじってダメにする。

てーことは桶屋が儲かってしょうがないってこと。

70年代はこう言われた。
「時代と寝た女——山口百恵《ももえ》
時代を勃起《ぼっき》させたふたり
——ピンク・レディー」
だったら私はこう名付ける。
「時代と濡《ぬ》れた男
——ダチョウ倶楽部《クラブ》」
「押すなよ！」の熱湯風呂《ぶろ》はもはや伝統芸。ダチョウ倶楽部は最初、4人でスタート。電撃ネットワークを作ったあの怪人、南部虎弾《とらた》がリーダーだった。リーダーを切ったらやっと売れた。深夜、松村邦洋《くにひろ》のところへ南部から電話。

「でー松村、お前、ビー玉は何個呑《の》めるんだ?」

新メンバーに入れようとしたらしい。２０１５年には気の毒にメンバーの三五《さんご》十五《じゅうご》を失っている。合掌。

☆

それにしても１９８０年に『ＴＨＥ　ＭＡＮＺＡＩ』、81年に『オレたちひょうきん族』が始まり、フジテレビが爆笑路線を突っ走ることになるのですが、時代の変わり目というのは面白く、またおかしなもので、夜明け前の79年から80年、山口百恵が結婚引退を発表し、ピンク・レディーもブームの凋落《ちょうらく》が激しかった。

アイドル文化が消滅しそうだった80年、一気に松田聖子《せいこ》とたのきんトリオ（田原俊彦《としひこ》、野村義男《よしお》、近藤真彦《こんどうまさひこ》）が登場するのです。

80年1月1日には沢田研二が『ＴＯＫＩＯ』を発売。がぜん世の中が明るくなり、1年後の81年1月1日『ビートたけしのオールナイトニッポン』、そして『ＴＯＫＩＯ』の衣装で「タケちゃんマン」登場となります。日本の歴史です。

【追伸】ジャニーズ系もアイドルも居なかった奇跡の79年、ベスト10の中で最も印象的だったのが『異邦人』（久保田早紀《くぼたさき》）である。翌年ブレイクするのが「地方人」ビートきよしである。「よしなさいって」

【文庫追記】ビートきよしの言葉。「高田ちゃん」（もう訛《なま》っている）「オレなんかあの人ジェニコ持ってるな、金あるなぁと思ったらすぐスポンサーにヨッコラショだから」（それを言うならヨイショ）、「タニマチつかまえたらすぐへビこつらっちゃうから」だとさ。ヘビこつらうって何だ。こびへつらうだろーが。漢字で書くと「媚び諂う」と書く。

「あいさつにスランプなし」（松村邦洋《くにひろ》）

業界内でも礼儀正しさで売る松村の言葉。仕事はうまくいかない事があってもあいさつだけはスランプなどないのだから、どんな時でもキチンとしようという松村邦洋。永六輔《えいろくすけ》にほめられた事がある。「高田クンが若い時からしつけてるから松村クンはいつ会っても気持ちがいいですネ」。美しさを身につけるから躾《しつけ》と書く。

ところで、松村クンのライザップは一体、どうなるのだろう。半年後、倍に太って出てきたら面白いのだが。

☆

松村が東京マラソンで心肺停止したのが2009年。私が止まったのが2012年。合い言葉は御存知『私のハートはストップモーション』。〝心臓が止まった二人のリハビリになれば〟と仲間が作ってくれたのが「いち・にの・さんぽ会」。毎月東京の右半分を5人で歩いている。

思えば今では考えられないようなコンプライアンス無視の『進め！電波少年』なんて命がけの番組を、松村はやっていた。チーマー達に襲われ続ける日常、ゴリラと対峙《たいじ》する非日常。歌舞伎町《かぶきちょう》でチンピラ3人にひきずり回されていても、まわりの人は誰も助けず近寄らず「ロケ、ロケ。電波だよあれ」。

死ぬ思いは10回以上している。

☆

【文庫追記】ライザップでスッキリしたのは松村、痛風でスッキリしすぎたのがグレート義太夫《ぎだゆう》。2018年10月20日浅草東洋館をのぞいたらピンでギター漫談。「皆さんテレビの通販もインチキなのが多いから気をつけて下さいよ。〝履くだけでやせる下着〟というのを買って履いたんですが、あれは〝脱ぐだけで太ります〟」

「役者は目ン玉をみればわかるんだ」

（『芸人』より永六輔《えいろくすけ》）

「顔はメーキャップでいろいろごまかせる。でも、目ン玉はメーキャップできない。だから、役者は目ン玉をみればわかるんだ」

と書いている。メイクの時に使うのがドーラン。これはその昔、ドイツのドーラン社製のものが俳優などに多く使われたからその名が残ったらしい。

私も若き日、よく一緒に仕事をした「ラッキー7」のポール牧。色紙を頼まれるとよくこう書いていた。

「ドーランの　下に涙の　喜劇人」

ウソばっかりである。ホラ吹きポール、指パッチンとして少し復活したが、インチキ坊主《ぼうず》のまま死んじゃった。怪優、奇優である。不思議な人であった。

私の50本以上のコントを演じてくれたのは「ラッキー7」と名乗ったポール牧

と、関武志《たけし》のコンビである。「コント55号」のすぐあとに（昭和50年頃）テレビには出てきたが、さほど売れなかった。

ポールと私が神宮外苑《がいえん》を車で走っていると、指をパチンと鳴らし、ビルを指さして、

「高田ちゃん（パッチン）、あと1年も僕の台本書いててくれたら、あのビルは君のものだから」

全《すべ》てウソである。言う事の80％がウソ。20％が作り話。

☆

「北《きた》の湖《うみ》に相撲を教えたのは僕だから」が口癖だった。

「あの横綱を作ったのは僕だから」が口癖だった。

千鳥以上に「癖がスゴイ」人は遠い昔から居たのだ。

【文庫追記】いまふと関武志の文字で思ったのだが、三文字の言葉、熟語って面白いよネ。「頓珍漢」（とんちんかん）「安本丹」（あんぽんたん）「素頓狂」（すっとんきょう）「突慳貪」（つっけんどん）「鐚一文」（びたいちもん）「朴念仁」（ぼ

くねんじん)「珍紛漢」(ちんぷんかん)「月旦評」(げったんひょう)。
まだまだあります。さがしてみて下さい。

「一介《いっかい》のサラリーマンと二階の自由業です」（若き日の高田談）

「一介」とは〝価値のないつまらぬもの〟。24歳の時、はじめてアパートを借りて人から尋ねられ、私が言った。

「私が住んでるアパートは一介のサラリーマンと二階の自由業です」

自由過ぎたが、当時からよく頓智《とんち》のまわる好青年だった。団塊の世代は学校を出たり中退したりすると会社には勤めず、みんな元祖フリーターみたいな連中だった。「ベビーブーマー」と呼ばれ「みゆき族」から「エレキブーム」、そして「学生運動」、とどのつまりが「自由業」。

1965年、高校生の頃「東芝」の3Bキャンペーンというのがあった。ビートルズ、ビーチ・ボーイズ、ベンチャーズ。のせられてレコードもいっぱい買ったが、よく考えるとベンチャーズだけは「V」だった。

余談だが2017年夏、またベンチャーズが荒稼ぎをしに日本にやってくる。もうほとんど原形をとどめてないんじゃないか？　そういえばポール・マッカートニーも又々来たしな。

☆

余計なお世話だが、東芝は大丈夫か。『サザエさん』は続くのか。『サザエさん』の最終回は「一家離散の巻」というのは本当か。ワカメが吉原に身を売るという説もあるが……。「マッチ売りの少女」の次に可哀《かわい》そうなのがサザエさん一家。

日本で一番知られた主題歌〝お魚くわえたドラ猫〟あの詞を書いたのがペンネーム林春生《はるお》。本名は林良三。フジテレビの『かくし芸大会』などを立ちあげた人。独立して私と東京12チャンネルで『三波伸介《しんすけ》の凸凹《でこぼこ》大学校』を作った。早逝《そうせい》。チェリッシュや欧陽菲菲《オーヤンフィーフィー》の名曲をいっぱい書いている。古いテレビマンなら誰でも知っている好人物である。

【文庫追記】ディレクターをやりながら作詞家。すでに二刀流。このスタイルに私も憧《あこが》れた。私はマイク一本、ペン一本、扇子一本……アッ三刀流だった。

「老後はキョウイクとキョウヨウ」（野末陳平）

永六輔《えいろくすけ》、大橋巨泉。その前には青島幸男《ゆきお》も野坂昭如《あきゆき》も前田武彦《たけひこ》も昔のお仲間はみんなとっくに死んじゃったというのに、野末陳平翁《おう》だけは元気で只今《ただいま》85歳。

近所に住んでいることもあり、たまに豪華な昼食など奢《おご》ると子供の様に大喜び。いつもは若い芸人や作家らが、一銭も使わずハイエナのようにたかってくるので「もう、奢り疲れたよ」という。だから私は年寄りを大切にして御馳走《ごちそう》をする。

元気な証拠に本まで書き下ろして『老後ぐらい好きにさせてよ』（青春出版社）が出た。そこにあったのがこの言葉。

これは割と古くから使われているらしく「教育」と「教養」の意味ではなく、老人にとって大切なのは「今日行くところ」と「今日の用事」という意味なんだそうな。この二つがシッカリあればボケないらしい。団塊世代もそろそろボケ対策を考えておかねば。

☆

映画好きな陳サマに「『ラ・ラ・ランド』良かったよ」と教えてあげると、数日後、嬉《うれ》しそうに連絡が来て「いやぁ〜、やっぱり『ナ・ナ・ナンダ』は良かったねぇ」としみじみ。目もちょいと不自由なのに、映画館へ手探りで行くというのが凄《すご》い。ボケないヒミツ。

☆

思い返せばアントニオ猪木《いのき》で大盛りあがりをみせたゴールデンタイムでの新日本プロレス。あそこで必ず最後にチャンピオンベルトを見せてリングにあがってくるコミッショナー（？）みたいなのが野末陳平氏だった。早稲田《わせだ》の学生を振り出しにストリップ劇場、放送作家、タレント、易者、ベストセラー作家、国会議員、楽隠居と実に様々な顔で生きてきたお爺《じい》ちゃんである。

【文庫追記】陳平翁の話ではないが島田紳助がかつてこう言っていた。「老後は金と仲間と筋肉の三ツがあれば大丈夫」。私はこの三ツに「品性とユーモアがあればもっと大丈夫」だと思う。

「芸人は売れる芸なんてないンだから、まず人柄を売るんだよ」

（WAHAHA本舗主宰・喰始《たべはじめ》）

たしかどこかでこうも書いていた。

「作家は家を作る人じゃなくて、人柄を文字に乗せるんだよ」

今はどんな放送作家もパソコンだから味も人柄も出ない。どこの編集部の人に聞いても私のようにいまだに手書きの原稿をFAXで送ってくるチョー迷惑な人というのは一割だそうな。1冊の雑誌に50人が書いていたとすれば、5人しか手書きの物書きは居ないのかぁ。

だけどパソコンだったら筆跡もなにも分からないから代筆、ゴーストライター使いたい放題だな。「秋元康《やすし》」って何人居るのかなぁ。私なぞ、若き日、師匠

（塚田茂）の文字模写までやって書きまくった。

☆

ネプチューンのホリケン（堀内健《けん》）が出川哲朗らと劇団を作っていて、毎年ゴールデンウィークに下北沢の本多劇場で芝居をやっている。告知がてら、その都度、私のラジオに来て喋《しゃべ》っていくのだが、「やっぱ高田センセーは凄《すご》いすよねぇ。オレと（原田）泰造《たいぞう》の二人だけ、ボケとボケでやっていてまったくつまらなかった〝フローレンス〟の時代から見ていてくれているんですから。その後に、タイ人の名倉（潤）の突っ込みが入ってグローバルになったんですもん。いつ売れるかなんて分からないすよ。ピコ太郎だの哲ちゃんなんて50になってバカ売れなんすから。やっぱ、芸能界はラ・ラ・ランドなんだなぁー」。

ホリケンでもしみじみ自分の芸歴を考えることがあるのだ。そして二人で感動したのが2017年春から出川の哲ちゃんが初めて冠番組を持ったことである。充電させてもらう例のバイクのヤツである。

【文庫追記】和田アキ子がデビュー50周年で2日間「断れなかった仲間たち」と

いうフェスを武道館で。２０１８年10月17日、家から近いので歩いて見に行った。勿論《もちろん》お目当ては司会の出川哲朗。ＭＣだけでは納得せず、とうとう矢沢永吉スタイルで一曲熱唱した。武道館でロックンロール……ヤバイよ、ヤバイよ！

「〝倍返し〟より〝恩返し〟だ」（松村邦洋《くにひろ》）

『半沢直樹《なおき》』『真田丸《さなだまる》』と堺雅人《さかいまさと》のものまねを研究し尽くしている松村。ここ数年NHKラジオで約1時間『DJ日本史』とかいって歴史うんちくを語っている。私も聞いて勉強している。最近流行の〝カープ女子〟みたいな歴史に詳しい〝歴女〟と共に語っている。最近聞いたのが、この言葉。

「もう50歳になるので、今までさんざんお世話になった方達に恩返しをしていかなければいけませんネ。私も師匠なしでここまでやってきましたからお世話になった方に……」

どうもここ数年、やたらお相撲やちゃんこ鍋屋《なべや》に招待してくれると思ったら彼なりの恩返しだったのか。『一本刀土俵入』か⁉（分からなかったら調べて）「相撲茶屋清國《きよくに》」「焼肉ドラゴ」（貴闘力《たかとうりき》）「ちゃんこ増位山」。森下駅出てすぐの「増位山」は最高だったネ。土俵があって、私が行ったらあの増位山がいきなりカラオケで2曲歌ってくれた。そんな夕子も惚《ほ》れるはずだ。

☆

長いこと、中野に住んでいる松村。買い物に出かけたらロケ隊が。その中央に大好きな堺雅人。思わず声をかけたら、「松村さんはどうしてここに?」「僕ん家《ち》、すぐそこなんです」。あの笑顔で、堺は言った。

「松村さんの中野の一部、お借りしております」

☆

広告代理店に勤めていた増位山の息子さんが味を研究して始めたのが「ちゃんこ増位山」。息子さんの奥さんが女医さんでいつも患者にマスイを打っているそうな。親娘《おやこ》でマスイ山である。

「マカオのおかま」「談志が死んだ」（立川談志）

『笑点』50年。初期の頃、談志が披露した回文の名作。回文というのは上から読んでも下から読んでも同じという例のヤツ。子供の頃「トマト」「シンブンシ」「タケヤブヤケタ」なんてのから覚えたものだ。談志作「私負けましたわ」（ワタシマケマシタワ）なんてのもある。本を読んでいたら久しぶりに思い出したのが巨人軍・渡邉恒雄《わたなべつねお》オーナー（読売新聞社社長）が放った一言。1996年に巨人に入団したジェフ・マント。前評判だけは凄《すご》かったが、いざ試合に出ると大不振。まったく役に立たない。5月初旬には解雇。開幕戦後にオーナーがポツリ、「クスリとマントは逆から読んだら駄目だ」。

ある意味、うまい。クスリはリスク、マントはトンマである。リスクの大きいトンマだ。こんな野球界のどうでもいい事まで載っているのが『プロ野球語辞典』（誠文堂新光社）。無駄に詳しい長谷川晶一《はせがわしょういち》の文と、この本でもイラストを描いてくれている佐野文二郎のクスクスイラストが満載で、選手のニュアンスがほのぼのと伝わってくる。

☆

先日、佐野クンと一緒に長谷川氏に会って一杯やったのだが、野球の詳しさはハンパない。「7年かけてこれも書きました」と渡されたのが長谷川晶一著『オレたちのプロ野球ニュース　野球報道に革命を起こした者たち』（東京ニュース通信社）。佐々木信也《しんや》の表紙です。すっごい。

【文庫追記】２０１８年10月20日スポーツ紙を開いてショック。外国人初１００勝投手。スタンカ死去。団塊世代にとっては忘れられない闘志むき出しファイター。１９６１年南海と巨人の日本シリーズ、９回２死満塁で三振を奪ったと思った球をボールと判定され直後サヨナラ負け。円城寺球審に喰ってかかったのが忘れられない。誰が詠《よ》んだか「円城寺　あれがボールか　秋の空」。

「一年目を獲《と》った者が80年代を一人で征服することができる」（初代・林家三平）

1958年に真打ちとなり20年以上テレビの中の「爆笑」という言葉をひとり占めにしてきた男が80年にこう言った。この言葉をバックにビートたけし登場。たった1年ほどのオーバーラップで三平はこの世を去っていった。きっと天国の三平は「まさかこの男が私のあと40年近くも王座に君臨するとは……」と思っていることだろう。


「もう、大変なんすから！ 身体《からだ》だけは大事にしてください」

おなじみ過ぎる、三平小咄《こばなし》。

「母ちゃん、パンツ破れたよ」

「また（股）かい？」

☆

「お正月。お坊さんがこっちから来て、あっちからもお坊さん！」

「あっ！　おしょう（和尚）がツー」

☆

お正月に車と車がぶつかって「ガンターン」。

☆

「パン屋さんどこ？」「そこの角をマーガリン」

「パンダ何食べてんだ？」「パンだ」

☆

近所にラーメン屋が三軒できちゃって大変。こうなったら看板で勝負だっつって右端のおやじが「日本一おいしいラーメン」、左端のおやじが「世界一おいしいラーメン」、真ン中の店のおやじが「入り口はこちら！」。

永六輔《えいろくすけ》「高田（文夫）さんは出来ないの？」（川野将一《まさかず》『ラジオブロス』）

水道橋博士が編集長をつとめる「メルマ旬報」の連載から848ページにも及ぶ大著となった『ラジオブロス』（イースト・プレス）。日本で一番ラジオを聴いている男はまだまだ書き続けている。

これは2016年7月10日の配信から（翌11日に永さんの死去の報）。永さんの番組に呼ばれた松村邦洋《くにひろ》。こう書かれている。

「2015年11月9日、松村邦洋がゲスト出演した回、リスナーからのものまねのリクエストに（松村が）矢継ぎ早に応《こた》えていくなか、永が唯一《ゆいいつ》自分からリクエストをしたのが、しゃべる放送作家の後輩『高田文夫』だった」

嬉《うれ》しい。こういう細かいニュアンスを聞き逃さないのが聞き巧者たる所以《ゆえん》である。きっと幻の師匠である永さんは、20年前、松村が「バウバウ！」と言って爆笑をとっていた時、この音が私の笑い声（ビートたけしのくだらない話を聞いて爆笑する時に発する音）だとは知らなかったのだろう。

ちなみに永六輔は、昭和天皇のものまねが抜群にうまかった。パーティーの挨拶《あいさつ》などでは必殺の芸としてやったが、さすがにTBSラジオではやらなかった。

☆

タブレット純という不思議な男がいる。〝和田弘《ひろし》とマヒナスターズ〟の最後のボーカルだったという。気がつくと浅草東洋館に立ってたりする。私は近所の国立演芸場へ散歩がてらのぞきに行ったら出ていた。

私のラジオに来てもらった。ひたすらAMラジオをきいている男でものまねは大沢悠里《ゆうり》・永六輔・吉田《よしだ》照美《てるみ》・ニッポン放送の上柳《うえやなぎ》アナや松本アナ。突然私のマネもしだして「なんだョバカヤロ～、松村ァこのヤロ～」って言うから、私が「うるせーなこのヤロ～」二人の高田の掛け合いに爆笑。これをラジオできいていた松村「まだまだですネ」。

【文庫追記】タブレット純、見た目はバッタモンのTHE ALFEEの高見沢。虚弱な体質ゆえ「歌う水死体」と呼ばれる。

「人の世の　ケツカッチンもあり　この齢《よわい》」（風眠こと私）

平成の世も29年と30年。あと2年である（まだ決まってはいないらしいが）。キリがいいと言えばキリもいい。仕事の数え方も『高田文夫のラジオビバリー昼ズ』は平成元年スタートだから平成30年までやれば丸々平成でちょうどいい。しかし、あと3年やって五輪までというのもいいしなあ。その時、考えるか。人生、アドリブだ。談志曰《いわ》く「人生成り行き」。余談ですがケツカッチンとはあとの仕事が入ってること。お尻《しり》が決まってること。ケツがカッチンとしていること。

生命線　短いはずが　二本ある
バウバウは　犬と私の　共通語
新番組　新撰組《しんせんぐみ》と　よく似てる

カネゴンが　歩く下北沢　商店街
いい人の　順に死んでく　秋となる
二度三度　詣《もう》でないのに　初詣で
ボコボコの　顔してお前は　歌舞伎揚《かぶきあ》げ？
友がみな　劣化していく　遅い秋
カレンダー　巻き癖残し　入院す
ワンカップ　すべった出番の　帰り道
うちの殿　鍋奉行《なべぶぎょう》もやる　冬将軍
想《おも》い出《で》も　グイッとつめこみ　おいなりさん
風鈴を　買った夜には　友が死ぬ

☆

五七五にまとめなくても、一言集ならある。帳面にメモっておくのだ。ツイッターなんて、読まれてもギャラもらえないんでしょ？

＊

「ガッペむかつく」のは江頭《えがしら》2：50。カッペにむかつくのは私。

＊

『ラジオビバリー昼ズ』が今は『ラジオリハビリー昼ズ』と言われる。

＊

「時間と他人にルーズなのを田舎っぺと言うんだよ」(私の母)

＊

恩着せがましいのは身体《からだ》に出る。

＊

謙虚も過ぎると嫌味になる。

＊

生放送というのは、とどのつまり運動神経なんだ。反射神経なんだ。石田純一は言った。「尻が軽くて口が重いのが理想の女性」。

＊

悪口と批判だけならバカでも言える。

＊

テレビをタダで見て、それの文句ばかり書いてメシを喰ってる人でなしがいる。

犬畜生である。

＊

その人が死ぬと、それまで笑わせてくれた分（量）だけ悲しい。大して笑わせてくれなかった芸人・作家は死んでも大して悲しくない。

＊

本音を言うと「失言」と言われる。

＊

売れることが師匠への一番の恩返し。

＊

芸人に必要なものは、とどのつまり運動神経といい間《ま》と愛嬌《あいきょう》だな。

＊

3年目の上着ぐらい大目にみてよ。

＊

50を過ぎて大ブレイク。出川の哲ちゃんは咽《のど》が赤ちゃん。

＊

相撲中継ですっかり見かけなくなった「分解写真でもう一度」。

＊

「日本三大お寺の子」が永六輔《えいろくすけ》、先代・三遊亭圓楽《えんらく》、植木等。日本一の神社の子が狩野英孝《かのえいこう》。神も仏もない六股《また》。最近、見かけない。

首をかしげている例え。昔（志ん生）は「何を考えてんだ、このビクター（蓄音機）の犬」。

今はこう言うらしい。「首かしげてばっかりじゃねぇか、パーフェクト・ヒューマン」。

今でもこの業界で尊敬されている明治～昭和時代のジャーナリスト宮武外骨《みやたけがいこつ》は言った。「過激にして愛嬌あり」。

これが一番大切。

＊

永六輔は書いていた。「テレビを映画や演劇、または文芸作品のように批評したってムダなことです。テレビは聞く耳を持たないというのが特質なんですから。批評を読むほど暇じゃありませんし」。批評している時間があったら、20分でも

30分でも何か作ってみろって話だ。近頃は一億総評論家。

【文庫追記】昔の現場はパワハラだらけ。ADをなぐっておいて「どつかれさまーッ」。

新しい言葉を勉強した。パワハラは「パ・リーグ」、セクハラを「セ・リーグ」と言うそうだ。いつかは日本シリーズ。

「ギャル語で〝やばい〟の最高形は〝ヤバタニエン〟」

（渋谷のコギャル）

〝ヤバタニエン〟はうまいネ。相撲の遠藤のスポンサーだろ？　違う、あっちじゃない？　懸賞金ではなくて……永谷園じゃない方の……。「やばい」から〝ヤバタニエン〟か。

先日もテレビをボーッと見ていたら、ひと目惚《ぼ》れとか、いきなり土壇場《どたんば》でキュンッとしちゃうことを「ドタキュン」と言うんだって。これはきっと我々、芸能界に昔からある言葉、突然のキャンセル「ドタキャン」から来ているのだろう。〝土壇場〟からという説だが、私が若い頃は「土手っぷちでキャンセルする」で「ドテキャン」とも言ったような気がする。

どちらにしても、私は「土壇場」と「五反田」と「御殿場」を使い分けられない娘を知っている。「9回ウラのゴテンバでヒットよ。ドタンバのラブホでテレビ見てたんだけどチョー受ける」。ドタンバのラブホってどんなのだ？ きっと五反田だろう。９回ウラのゴテンバってどうなってるんだろう。霧でもかかっているのかなあ。

朝日新聞（２０１７年１月15日）でも「探究若者ことば」として取り上げられており、言葉は生き物だから変化していって当然と。『三省堂国語辞典』の編集委員も「辞書に載せるのは、のちもその言葉を使う可能性が高く、知っていた方が多くの人とコミュニケーションを取る上で有利と思われることば。『ださい』は第3版（１９８２年）、『うざい』は第6版（２００８年）で載せました」。「ださい」がそんな前から載せられているとは知らなかった。アカ抜けない奴《やつ》らを見て「だから埼玉って言われるんだよ」から〝ださい〟となった。「だから埼玉」なのだ。歌にもなった。さいたまんぞう『なぜか埼玉』。彼は今は神宮草野球場で審判をやっている。

若者ことばをいくつか見ていくと「半端《はんぱ》ではない」が「パネェ」、「了解」は「りょ」、もっと縮めて「り」一文字。昔からある言葉だが、「下品だ」は「ゲスい」、先輩が逆さになって「パイセン」（これらは芸能界の業界用語）。ヤクザ言葉だった「あぶない」「まずい」の隠語として使われる「やばい」が今や真逆で「いい、素晴らしい」の意味。

高校生が知っていて親世代が分からない言葉の1位が「ディスる」（尊敬しない、けなす）、2位が「イミフ」（意味不明）……シキフなら分かるんだが。3位が「りょ」、4位「キョドる」（挙動不審な動きを取る）、5位「ぽちる」（ネット通販で購入ボタンを押す）。

その他、様々なことばが載っているなかで「～的には」。これは「私は」と言うところを少しクセと仰々しさを持たせて「私的《わたしてき》には」と言う。実はこれ、一番最初に発明し、使用したのは25年位前の私である。「タカダ的には談志派だけど、お前的には志ん朝派なんだろ」などと言った。ラジオで毎日、日常語のように使用すると勝手に広まっていく。著作権もなんにもない世界だから何も言えないのだが、事の真偽は私のラジオの古いリスナーが一番よく知っている。この「○○派」という言い方もすっかり市民権を得た。ファミレスなどでも「お前、目玉焼きは醤油《しょうゆ》派？　オレはソース派」なんて使っている。

とんねるずも数多くの言い回しを生み出して若者たちに使われ続けた。「〜みたいな」。例えば「食べたくない」を「食べたくない、みたいな」と使う。この言い回しは面白いので割と古くから私と林家ペーで乱用していた。

私が一番最初に言ったと断言できるのは「〇〇すぎる」。ビートたけしの毒舌に対し「面白すぎる！」とテレビで絶叫。以来「すぎる」は普通に使われ……すぎる。「この時が人生のピーク」やら「ひとり電通」やら（最近になって、みうらじゅんがやたら使い出したが40年前から私は業界内で使っていた）。そしてラジオの決め言葉は「そんなこんなで〇〇」。最近、テレビのナレーションで困ると、皆このフレーズでつないでいる。

その他、私が生み出したと自信を持って言えるのは「子分肌」。「親分肌」に対するセコい男に命名。これはもう一般化し過ぎたが自分の箸《はし》やら醤油を「マイ箸」「マイ醬油」などと使う時の「マイ」もそうである。

誰も気が付いていないから自分で書いておいた。30年、40年もすると誰も分からなくなってしまうので――。言葉はまさに生き物である。近頃まわりのみんなから「何でも書き残しておいた方がいいよ」とすすめられる。

☆

次の言葉は生き残らないと思うが、最近知った、進化形の合コンで使われているというもの（本当か）。

「あいつ、ロデ男だからさぁ」

意味は、ワガママな女に振り回される男だそうな。

「Tサミット」

合コン途中、トイレに集まり、この後どうするかを決める〝トイレサミット〟。気に入らない男ばかりだったら「私たち、家遠いので、もう終電が……」と言う。

「今日はTBSだよネ」

テンション、バリ、下ガリ、の略。

「あいつ、中山秀《ひで》（征《ゆき》）ちゃん」

意味を聞けば「この後、ウチくる⁉」としつこい男だそうな。アハハ。

【文庫追記】「うまい」を石塚が「マイウー」として定着。いわゆる業界用語という逆さ言葉。「ジラレナイシン」（信じられない）、「ルナドッホー」（なるほど）、

「ツカオのシーダー」（かつおの出汁《だし》）。

基本的なことだが芸能界で言うところの「ドサまわり」。ただ地方へ行くという過酷さ。ちなみに〝ドサ〟とは佐渡のこと。佐渡島《さどがしま》まで営業に行くという過酷さ。ちなみに山谷《さんや》のドヤ街と呼ばれたのは〝宿《やど》街〟を逆さにしたもの。調子のいい奴を〝C調〟。サザンの曲にもあるが、これは〝ちょうしいい〟を逆にして〝しいちょう〟で「C調」となる。

「高田チルドレンとしては『笑点』の司会に昇太さんが決まったことは本当、嬉《うれ》しいネ」

（有吉弘行《ありよしひろいき》）

ツイッターだかブログだかよく分からないのだが、有吉のフォロワーというのは日本一の数らしい。『笑点』騒動の時もこんなことをつぶやいていて、その話題が私の耳にも入ってきた。

1996年『進め！電波少年』で〝猿岩石〟として大ブレイク。松村邦洋《くにひろ》、松本明子に続くスター誕生だった。22歳という若さで大人気、歌まで出して大ヒット。その人気も2年が限度だった。ガクーンと仕事もなくなり、芸能界の地獄を見て、地獄を肌で知った。それでもへっちゃらだったのが有吉の凄《すご》いところ。ダチョウ倶楽部《クラブ》の上島竜兵《うえしまりゅうへい》を囲んで吞《の》む会「竜兵会」を土田晃之《てるゆき》らと作り、毎晩のように竜ちゃんに呑ませてもらい、飯を食わせてもらい、帰りのタクシー代までもらっていた。早い話、パパであり、タニマチである。

10年も15年もタダ飯を食べさせ続けた竜ちゃんがエラいのだ。ある日、私も中野の竜兵会に参加し、有吉の尋常じゃない面白さ、竜ちゃんへの神がかり的ツッコミに舌を巻いた。有吉の名がマスコミから消えて10年位の頃だったか。私は自分のラジオで、雑誌の連載で、有吉の面白さを一人で伝え続けた。まったく暇だというので、私のラジオのレポーターもやらせたが、これがまた恐れを知らなくて爆笑。このラジオを聞いていた若きディレクター連中がポツリポツリと有吉を起用し出した。

それが今では日本一のMCである。天国から地獄、そしてまた地上へ。これ程、振り幅の大きい芸人もいない。お互い恥ずかしいから会わないが、陰で有吉が私に感謝をし、リスペクトしてくれているというのを聞くと嬉しい。竜ちゃんのことはいまだに尊敬していないらしい。

有吉の凄みは、どん底の時代に、下品にも卑屈にもならなかったことである。談志は弟子に必ず「卑屈になるな」と言っていたのを思い出す。

「ラジオの巨人 永六輔《えいろくすけ》。テレビの巨人 大橋巨泉」（マスコミ）

様々な記事でもこう書かれた。私はこれに1行足して「そして大衆文化の大巨人が永六輔である」と。

珍しく『オール讀物《よみもの》』（2017年1月号）で「テレビ界のレジェンド」特集をやっていて、その中で元ニッポン放送社長・亀渕昭信《かめぶちあきのぶ》も書いている。

「永六輔さんの功績も偉大ですが、永さんは、日本的なものを背負っていた印象です。巨泉さんは日本的なものを削《そ》ぎ落として、アメリカのエンタメを持ち込んだ。音楽の世界で例えると、大瀧詠一《おおたきえいいち》と山下達郎の違いですかね」

成程。例えが分かりやすい。さすが元カメ&アンコー。「カメカメエブリバディ！」と言っても、もうほとんど分からない。平成生まれが28歳、クゥー。

【追伸】「進撃の巨人」でなく「新劇の巨人」は小沢昭一《しょういち》である。これは言っておかなければいけない。

「小さな巨人」は文字通り、寄席《よせ》の世界では先日亡《な》くなった三遊亭圓歌《えんか》。若き日は歌奴《うたやっこ》の「授業中」であきれるほど売れた。老いた日は圓歌の「中沢家の人々」で死ぬほどウケた。メガネをかけたまま落語を演じた歌奴。この爆笑の系譜を受け継ぎ月の家圓鏡《えんきょう》、そして現在は春風亭昇太がメガネをかけたまま噺《はなし》をする。

「メガネ、スッキリ曇り無し!!」。

☆

テレビドラマ『小さな巨人』。あの和田アキ子が登場した。待ってました「大きな巨人!」。

「僕たち、とんねるずも、タモリさんの残してくれた作品です」（石橋貴明《たかあき》）

2014年3月31日に最終回を迎えた『笑っていいとも！　グランドフィナーレ』。石橋は右のような言葉でタモリへの感謝の気持ちをスピーチした。勿論《もちろん》、これは08年の赤塚不二夫《ふじお》の葬儀でのタモリの弔辞のパロディである。

1980年から86年まで日本テレビで放送されていた、お笑いのオーディション番組『お笑いスター誕生!!』。ここへ現れた恐れを知らぬシロート「貴明&憲武《のりたけ》」は「とんねるず」と名前を変えていた。司会の山田康雄《やすお》の呼び込みだ。

「さあ、いよいよグランプリ狙《ねら》いの登場だ！　帝京高校出身、この番組で生まれ、この番組で育った青春コンビ！　今、大いなる夢を手中にするか⁉　とんねるず」

帝京高校の野球部とサッカー部だった二人が研修中のホテルマンと自動車整備

工という、プロのシロートとして登場。その時、ベテランだらけの審査員の中にあって一番若手だった審査員にタモリがいた。皆が反対する中、タモリだけは「OK」を出した。

あれからどれだけの時が流れ、笑いの質、状況がどれだけ変わったのか。タモリの「いいとも」のラスト。同じテレビのフレームの中に、タモリ、さんま、ダウンタウン、ウッチャンナンチャン、爆笑問題、ナインティナイン、中居正広、そしてとんねるずが居た。誰かが言った。「なんだか〝フジテレビ自体の最終回〟を見ているみたい」。

この「いいとも」がスタートする前の2年間は『笑ってる場合ですよ!』と題してB&Bの司会でツービートや春風亭小朝がレギュラー出演し、私も携わっていた。そのずっと前のフジテレビのお昼の12時は『お昼のゴールデンショー』として、コント55号が衝撃的デビューとレギュラー出演化を果たしている。フジテレビのお昼はいい芸人を生み出してきた。

☆

フジテレビの不調が長い。永く携わってきただけに、この凋落《ちょうらく》は切ない。思えば新聞のテレビ欄の一番右に来た瞬間から数字はガターンと落ちたような。その前はテレビ東京の席だったのだ。昔のテレビ屋の業界悪口に「振り向けばテレビ東京」というのがあったが、今やテレ東の方が知恵があって面白い。フジは今や「振り向けばＭＸ」いや、ＭＸも面白い。

「面白かったらフジじゃない」

☆

今朝の新聞に「フジテレビ、社長退任」とあった。

「お金を持ってる事がバレないように生きるのが大変」

（蛭子《えびす》能収《よしかず》）

この名前、どう考えても「えびす」とは読まないでしょ。「蛭」は「ひる」だもの、辞書を引いても。「よしかず」も無理がある。どう読んでも「のうしゅう」だ。

蛭子と我らがみうらじゅんが、雑誌の企画で対談。いざ対談となって蛭子が「トイレ行ってきます」。これは面白いとみうら、興味津々《しんしん》で蛭子のスケジュール帳をのぞいてみた。今日の欄、今日の予定を見て驚いた。そこには「つまらない人と対談」と書いてあった。

【追伸】毎年勝手に与えている「みうらじゅん賞」。私の机には「第11回みうらじゅん賞　高田文夫殿」という小さなカエルのトロフィーが置いてある。生涯、賞と名の付くものは第39回（2001年度）ギャラクシー賞、ラジオ部門選奨『イヨッ！矢来町 古今亭志ん朝たっぷりスペシャル』の企画と出演。志ん朝師が亡《な》くなってすぐ企画し大みそかに放送した。私と一緒に語ったのは古今亭志ん五、玉置宏《たまおきひろし》。ふたり共すでに亡い。それと、2013年東スポ映画大賞エンターテインメント部門カムバック賞をビートたけしよりもらったくらいである。授賞式の日、体調悪く代わりに松村邦洋《くにひろ》に行ってもらったが、トロフィーを渡しながらたけし「カムバックって言ってんのにカムバックしてねーじゃねーかこの野郎」。

【文庫追記】トロフィーを渡すたけし、受けとる松村、サボッた高田。三人共一度あちらの世界へ行きかかってUターンしてきているのが凄《すご》い。

「知的で自立した女の声は低い」（名演出家・鴨下《かもした》信一）

１９８５年、『ニュースステーション』スタート時。久米宏《くめひろし》の声がやたら高かったので相方・小宮悦子は意識的に低くしていった。そうする事でうまくバランスがとれていって見やすく、聞きやすくなっていった。

そういえば、利口そうな女性はみんな低音だ。逆にバカそうな女性はパー子のようにみんな高い。

「キャ〜〜、ヤダ〜〜、ハッハハハハ」。カシャッ（シャッター音）。

☆

余談ですが〝林家ぺーは90歳説〟があるが本当か。佐藤愛子と変らないらしい。

「シューマイの数だけグリンピースはある」（若手漫才師）

奥深そうで浅すぎる言葉。星の数だけ女は居る、と同じ。ホラ吹きだった先代の圓楽《えんらく》。紀伊國屋《きのくにや》書店に入ってしみじみ本棚を眺め「あ〜っ、まだアタシが読んでない本があるんだね」。

☆

「星の王子さま、圓楽です」「湯上りの男、圓楽です」。色々なことを言って楽しませてくれた先代圓楽。トランプ大統領が出てくるずっとずっと前の話である。『笑点』のオープニングでカメラに向かっていきなり、「あたしはネ、差別が大嫌いなんです。世の中で差別が一番いけません。（声を上げて）あたしゃぁねぇ!!　差別と黒人が一番嫌いなんだ」

収録は止まった。

「短小包茎の奴《やつ》こそ言うことがデカイよな」

（作家・樋口毅宏《ひぐちたけひろ》の妻）

『タモリ論』（新潮新書）を書き上げた時、水道橋博士が私たちが呑《の》んでいる所へ連れてきて紹介してくれた樋口クン。週刊誌の連載を読んでいると結婚して子育てに追われているらしい。本人の筆によると「うちの女房は悪妻で〜」。いやいや、なかなか奥の深い一言であります。私も身につまされる。

☆

この説でいくと「巨根の奴こそ気が小さい」ということか。年をとると「目は近く」なり「耳は遠く」なり「皮と猫とフトンをかぶって」寝る。

「外野手は、球が飛んでくるまでずっと助平なことを考えている」

（サンキュータツオ）

「仕事は球が来た瞬間だけだろ。セカンドってむっつり助平という感じ。ショートストップは女の守備範囲も広くて遊んでいそうな感じしない？　二遊間のゲッツーって3Pして捕まったたってこと？　あくまでイメージだよ」

タツオは「米粒写経」というマニアックすぎる東京漫才である。他にも私が注目している大好きな若手を、ラジオで次々と紹介させてもらった。滑舌の悪さが愛嬌《あいきょう》だったが、欠けていた前歯を治しちゃったのが「三四郎」の小宮。このコンビは中高となんと、成城学園に通っていたのである。案外、坊ちゃん。茨城なまりが愛嬌、丸坊主《まるぼうず》の相方をピターンと叩《はた》いて突っ込むのが「カミナリ」。なにしろ、可愛《かわい》い。関西だったら「ミキ」の兄弟。キャリア5年なのにお見事。次々若手が出てくるから楽しみ。

【追伸】若手だ若手だと思って聞きながら毎日眠りにつく深夜放送。TBSラジオの『JUNK』かニッポン放送の『オール《A》ナイト《N》ニッポン《N》』を大体2時頃まで聞いている。思えば彼らはすでに中堅か下手すりゃベテラン？（月）伊集院光《いじゅういんひかる》（JUNK）、（火）爆笑問題（JUNK）、（水）山里亮太《やまさとりょうた》（JUNK）、（木）ナイナイ岡村隆史《たかし》（ANN）、（金）バナナマン（JUNK）、（土）オードリー（ANN）。ここへ星野源《げん》も参戦してきたから私の夜も大忙しである。何故《なぜ》聞くのか。30年以上前のたけしと私を越えていないか不安でチェックするためである。誰も越えていない。ただ年数だけはナイナイ岡村のオールナイトニッポンがたしか24年。たけしのANNは10年（弱）である。

【文庫追記】他に聞くラジオといえばラジオ日本の土曜日17時55分から2時間タップリ〝なつメロ〟をかけまくる『タブレット純　音楽の黄金時代』とTBSラジオ日曜『問わず語りの松之丞《まつのじょう》』である。

「成金」（神田《かんだ》松之丞《まつのじょう》）

柳亭小痴楽やら春風亭昇々やら若手人気落語家のチーム「成金」にひとり講談界から入って、凄《すご》い話題のイケメンである。追っかけまでいる騒ぎ。まだ真打ち前である。ある落語会へ行ったら噂《うわさ》通り松之丞がそこそこウケて高座を降りる。続いて上がったのは中堅で渋い人気の落語家の桃月庵白酒《とうげつあんはくしゅ》。毒舌も魅力である。

開口一番「すごいウケ方で……マスコミによりますとなんですか、ホープなんだそうで。余程、人材不足のジャンルなんでしょう」。アハハ、これには笑った。土俵に上がった大関が若手ボクサーを豪快な上手《うわて》投げで投げ飛ばしたようだった。

☆

それにしても松之丞、講談界の久々のスターである。先日、深夜放送のテレビで古舘伊知郎《ふるたちいちろう》、古舘寛治《ふるたちかんじ》（俳優）と３人で盛り上がって喋《しゃべ》っていた。松之丞も本名がフルタチなのだ。〝食〟の館《たち》はいるが〝舎〟の古舘は全国で４５００人しかいないそうな。ルーツをたどれば佐賀唐津らしい。松之丞、最近結婚して「古舘をひとり、増やしてやりましたよ」。

☆

昔は「講釈」。明治以降は「講談」という。

【文庫追記】ここへ来て（2018年）松之丞の快進撃がとまらない。七日連続独演会を開いたり、『報道ステーション』にアタマからシマイまで出ていたり、雑誌「PEN＋《PLUS》」では「1冊まるごと、神田松之丞」まで出た。松之丞おすすめのストリップ嬢を紹介され、私は野末陳平をつれて浅草ロック座へ行ったりした。赤ちゃんが生まれてついに父にもなった。あとは真打昇進のみ。夢は師匠と並ぶ歌舞伎座《かぶきざ》での口上のようだ。

「和」を尊《たっと》んだ落語芸術協会会長・桂《かつら》歌丸師も亡《な》くなり、2019年にはたしか会長選挙。ひょっとしたら松之丞の抜擢《ばってき》真打なんて日も近々やってくるかもしれない。

「ゴニン逮捕だろ！」（ラグビー・松尾雄治《ゆうじ》）

昔、仲間とトランプをやっていたらドカドカッと警察官が入ってきた。松尾が大声で「ゴニン（誤認）逮捕だろ！」って言ったら7人捕まえちゃった。5人かと思ったら7人……。

そういえば、その時一緒に捕まっちゃったのが、元巨人軍の柴田勲《しばたいさお》。足の速さを生かして逃げるかと思いきや……。後日、お詫《わ》びの記者会見。その時、着ていたのが大きなトランプマークのセーターだった。反省していない。あれぞ元祖トランプ氏。

【文庫追記】「バクチ？　やってないって。本当だよ。本当にやってないって！　ウソだと思うなら賭《か》けてもいいよ」

「冬は義士、夏はお化けで飯を喰い」
（講談師の生き方）

「忠臣蔵」と「四谷怪談」か。落語家の飯のタネもあって「噺家《はなしか》は世情のアラ（粗）で飯を喰い」と言われる。アラさがし、の粗である。だったら私もひとつ、こさえておこう。

「テレビ屋は、やらせでパクリと飯を喰い」

しかしまあ、テレビをつければ吉本《よしもと》興業かジャニーズ事務所。これはどうにかならないのか。きっとどうにかならない力が働いているのだろう。

☆

２０１７年3月の終わり、松村邦洋《くにひろ》ら5人といつもの「いち・にの・さんぽ会」。ゴールの門前仲町《もんぜんなかちょう》。ついでにと見た『東海道四谷怪談』の作者、鶴屋《つるや》南北《なんぼく》居住地の碑。私が読んでいると、松村「南北先生とたしか20年前に、高田センセー、トークで対談しましたよね。僕、見てましたもん」。

「えっ！　オレ、鶴屋南北とトークしてるの？」

「してます。南北のしゃべり、つまらねーなって言ってましたもん」

田辺南北という、講談師のことだった。それにしてもよく覚えてるなぁ。


【文庫追記】「つまらねぇなぁ」とは言ってないと思う。

〝やらせ〟でいえばつい先日、日テレの人気番組『世界の果てまでイッテQ！』が週刊誌にやられた。ひと昔前は松村と松本明子の『進め！電波少年』がやっぱり「やらせだ」と騒がれた。マスコミにコメントを求められ私は「バラエティにはやらせではなく〝演出〟というものがあるのです」とビシッと言って喜ばれたが、今では通用しないようだ。

心に残る橋は……「曙橋《あけぼのばし》！」（松本人志）

『ダウンタウンのガキの使いやあらへんで!!』で私の好きな企画が、スマホ無しで全員が集まれるかどうかというもの。麴町《こうじまち》の日本テレビから車で30分圏内で出されたお題から、一番に連想する場所をレギュラーメンバー5人それぞれがタクシーで行く。果たして全員同じ場所に集まれるのか。

先日見たのでは「心に残る○○橋は」というお題。タクシーの中でブツブツ言っている松本が面白かった。

「橋やろ……オレらが初めて東京来た時、よう曙橋にあったフジテレビに呼ばれたわ。まだお台場へ来るずっと前や。よう曙橋行った」

これには嬉《うれ》しくなった。私なんざもっともっと昔、夜中に原稿直しで呼び出されるので、走っても行けるようにと曙橋のすぐ近く（山吹町）に住んだ。

「よくネタ見せ行ったわ……ン？　ネタ見せ？　ネタ見せいうたらあそこもそうや。後楽園ホールのあった水道橋。水道橋や。運転手さん、曙橋やめて水道橋行って！ 浜田覚えてるかな。あいつ、そういう事、全然覚えてへんからな。繊細さが無いんや。水道橋！ 『お笑いスター誕生!!』のオーディションやっとったわ。よく行ったわ。二人でネタ持って水道橋、通ったわ」

超レアなお笑いファンなら覚えていると思うがB&B、イッセー尾形らを生んだ『お笑いスタ誕』に若き日のダウンタウンは出ていたのだ。水道橋に着いた松本、感慨深げである。電話で浜田をつかまえ、

「もう着いたで、想《おも》い出《で》の橋、水道橋」

びっくりする浜田。

「水道橋〜！」

「お前、どこに居《お》るんや？」

「日本人にとって橋といったらここやろ。出発点や、すべての」

「どこやねん！」

「日本橋」

終わった。

【文庫追記】いま思えば『イッテQ！』よりずっと前の「橋祭り」だった。

「若い頃、モテた奴《やつ》は信用できない」

（古舘伊知郎《ふるたちいちろう》＆大根仁《おおねひとし》監督）

フリーになった古舘がNHKで『バクマン。』『SCOOP！』の大根監督と熱く語り合っていた。若き日、テレ東のクイズ番組でMCをやっていた古舘。その時の若い衆（AD）が、今を時めく大根監督。青春期の大根、頭の中は「ビートたけし」「アントニオ猪木《いのき》」「忌野清志郎《いまわのきよしろう》」、この3人のことでいっぱいだった。

奇跡は起きた。糸井重里《しげさと》がMCのNHK『YOU』の正月特番で、神様3人がブラウン管の中にゲストで揃《そろ》ったのだ。たしか1983年だったと思う。「3人が同じテレビの中に居る！　テレビって何でもできるんだ！」と思い、この業界に若き才能は進んだ。

「70過ぎたから、もう友達は減らしていく」

（タモリ）

『SMAP×SMAP』の〝ビストロ〟コーナーの最後のゲストに出たタモリが、中居に問われてこう答えていた。私も無駄に友達の多い方だが、無理して付き合ってきた奴とは、もう会わんでもいいネ。人数が多かった団塊世代の特徴かもしれないが、やたらつるむし、やたら集まるネ。私の弟子たちを見ていると、ほとんど友達の話をしたり、会ったりしていないネ。友達が居ないんだろうな。我々の世代だけだな、何かというと集まっては呑《の》んでいるのは。

祝儀《しゅうぎ》、不祝儀《ぶしゅうぎ》だけで、人生一体いくら使ってきたんだろうか。〝情《なさけ》は人の為《ため》ならず〟。今あなたが思ってる事とは、正しくは逆の意味だから、これ。生涯、他人にかけた情の分量だけ最後に自分に返ってくるということ。私なんかもの凄《すご》い量の情と金を他人にかけてきたので、最後が楽しみ。今の若い奴らなんか他人と関わらないから、最後は何も返ってこないんだろうな。

かつてタモリは毎昼「友達の友達はみな友達だ」と言ったが、ありゃウソだな。友達の友達は、もう他人だ。

☆

「言葉」も「人」も変化する。生きている。

タモリも出てきた時は〝イグアナ〟でマイナーだった芸が昼の顔となりサングラスそのものが普通（平常）となった。演芸場から出てきたたけし、さんまと違い、どこから出たのかさえ分らなくなってきたタモリこそ〝普通〟を作り出す職人なのかもしれない。たけしとさんまはテレビの王様にはなったがいつまでたっても板《いた》（演芸場）のにおいがする。楽屋へ出前でとったギョーザのにおいがするのだ。

【文庫追記】たけしもさんまもタダならぬ気配を感じる。早い話カタギではないのだ。うさんくさいはずのサングラスが最もフツーを演じている。黒メガネが最も日常。

「元日を　稼ぐ因果の　芸渡世」

（変哲＝小沢昭一《しょういち》）

俳号は〝変哲〟。小沢昭一が作る芸能の句が私は好きだ。右の句はまさに寅《とら》さんやら噺家《はなしか》の姿やらが浮かんできます。私も若き日より40年近く、フジテレビの大長時間演芸生放送番組『初詣《はつもうで》！爆笑ヒットパレード』の構成をひとりでやって来たので暮れの〝ネタみせ〟（どんなベテラン演芸人でも暮れにネタをキチンとやってもらってタイムを計った）から、元日の生放送まで寝る間がなかった。初期の頃など関西の演芸人には東京のホテルに大晦日《おおみそか》の最終で来てもらって、そこでネタのチェックをした。21歳から60歳過ぎまで、正月なんて私にはなかった。

一芸で　生きる無頼の　とろろ汁
吉良《きら》の忌や　うまい役者が　吉良の役

久保万《くぼまん》の　一幕物の　涼しさよ
空咳《からぜき》を　ひとつしてみて　講釈師
耳に志ん生　口に塩豆　年惜しむ
寄席《よせ》の灯の　あかあかとして　独楽《こま》の芸
原節子　住む町とかや　春日傘
ロッパ観《み》て　ホットケーキの　日比谷かな
サーカスの　去った空地や　秋の暮
浅草の　あの踊り子は　いずこ秋
大挙して　熱海芸者や　初芝居
古浄瑠璃《こじょうるり》　伝える人の　昼寝かな
三日月と　歩む映画の　帰りかな
うとうとと　観る小津映画　春炬燵《はるごたつ》
志ん生忌　吉原《よしわら》近き　コップ酒
どうらんの　堅さ冬至の　楽屋かな
夏座布団《ざぶとん》　返す前座の　足無骨《ぶこつ》

「楽屋でも一日《いちにち》置かれる存在」（高田帖《ちょう》）

一目《いちもく》置かれる存在にはなりたいが「一日」置かれるのはどうか……。夏場だったら腐っちゃうかもしれない。実をいうと寄席の楽屋では川柳川柳《かわやなぎせんりゅう》師が時々、一日も二日も置かれたまんまのことがある。数年前までは楽屋に五代目小さんが居て、志ん朝が居て。そして談志が居たのになぁ。皆は一目も二目も置いていた。「一目置く」。辞書を引くと「相手の力量に敬意を表し、一歩譲って接する」とある。

☆

師匠の気持ちを〝忖度《そんたく》する〟という事だろう。籠池《かごいけ》問題ですっかりこの言葉に陽が当たった。今まで「忖度」なんて字、書いたこともなかった。知っているのは……ドンタコスったらドンタコス！　そういえばポテトチップスも今年の春は売ってないネ。昨夏、北海道で台風の影響からジャガイモがとれなかったらしい。

「キタの雄二《ゆうじ》かミナミのまこと」

（昔の浪花《なにわ》芸人の遊び場）

雄二とはミヤコ蝶々《ちょうちょう》と漫才を組んだ南都《なんと》雄二。夫婦の時代もあった。キタは高級なクラブなどが多く、ミナミは庶民的な店が多い。まことは藤田まことである。このフレーズには続きがあって「キタの雄二かミナミのまこと、東西南北藤山寛美《かんび》」。やっぱり遊び方も豪快だったのだ。この頃、東京で寛美に芸の上でライバル心を燃やしていたのが渥美清《あつみきよし》である。

☆

蛇足ながら座長まで務めたミヤコ蝶々。相方でもある旦那《だんな》に、いつも台本を広げ「これ、なんとゆう字？」と聞いていたので、相方の芸名は南都雄二になった。文字が読めなかったとの噂《うわさ》。ちなみに漢字もひらがなも忘れたのに、田中角栄の小説を2016年に出したのは石原慎太郎。たしかそう証言していたような。

「美大のヌードモデルとして、父はネクタイを外した」

（天久聖一《あまひさまさかず》編『書き出し小説』）

新潮社からこんな変な本が出ているとは知らなかった。２０１４年発行で16年11月、私が手にした時にはもう四刷になっていた。ひたすら小説（風）の書き出しだけを集めた自由すぎる本。その書き出しからあとの展開やオチは各自が勝手に想像すればよろしいらしい。

「水面に月が映っている。仰向《あおむ》けに浮いた女たちは腹の上で貝を割り始めた」

どんな女なのだ。それじゃラッコだ。ラッコの可愛《かわい》らしさを日本で最初に紹介したのは「さらば友よ」景山民夫《かげやまたみお》である。〝ラッコの景山、パンダの黒柳〟と業界内では言われた。これは本当。

あと、気になったのは、

「メールではじまった恋は最高裁で幕をとじた」

「からっぽの電車きた！と思ったら、下の方に園児がびっしり詰まっていた」

「席をつめたがカップルは座ろうとせず、私はただ横の老婆《ろうば》にすり寄っただけの人間になってしまった」

「尻《しり》ポケットに入れた携帯のバイブが背後の男を刺激しはじめた」

書き出しだけでワクワクするものだ。

次の展開を勝手に想像してしまう。


【文庫追記】最も有名な書き出しと言えば……おぼろ気な記憶で書くから間違ってたらゴメンナサイ。漱石《そうせき》『草枕《くさまくら》』。「智《ち》に働けば角が立つ。情に棹《さお》させば流される。意地を通せばきゅうくつだ。とかくこの世は住みにくい」。

まったくだなあと思ったのが今回のジュリー、沢田研二のドタキャン騒ぎ。沢田は意地を通したのだ。プライドを守ったのだ。きゅうくつな芸能界に住み私と同じ70歳。あと少し他人《ひと》を喜ばせて行くか。

「蒙古《もうこ》の怪人（キラー・カーン）」から「不沈艦（スタン・ハンセン）」まで（玉袋筋太郎《すじたろう》）

プロレス大大好きで知られる玉袋筋太郎らが、お茶の間の王者だったあの頃のスター達に直接会っていく『プロレス取調室』（毎日新聞出版）が早くも第2弾。1冊目では天龍《てんりゅう》源一郎、藤波辰爾《たつみ》、将軍KYワカマツらと黄金時代を語り合う。汗もツバも飛び散るリングサイド。圧倒的面白さだった。2冊目（2017年1月）も飛びっきりのファイトで武藤敬司《けいじ》、スタン・ハンセン、マサ斎藤、ブル中野らと酔っ払いファイトを繰り広げる。2010年に68歳で亡《な》くなったラッシャー木村が入れなかったのは残念。名言の宝の山のような人だった。根がマジメだから余計おかしいのだろう。

ラッシャー木村を一躍有名にしたフレーズは1981年9月、田園コロシアムでの新日本プロレスの試合中に殴り込みをした時の事。興奮する大観衆を見てきっとあがっちゃったんだろう。アナウンサーからマイクを向けられると、丁寧に「こんばんは……ラッシャー木村です」。

殺伐としていた客席は拍子抜け。失笑の嵐《あらし》。これが大反響だったのでビートたけしはすかさずテレビで「こんばんは、ラッシャー木村です」を連発した。新しく来た弟子にも「ラッシャー板前」と名付けた。プロレス好きのたけし、人気のザ・グレート・カブキを見て「グレート義太夫《ぎだゆう》」と名付けた。この頃、落語の「寝床」にも凝っていたので「義太夫」を付けた節もあるが、つい先日、NHKの『ファミリーヒストリー』を見ていたら、たけしの父方のお婆《ばあ》ちゃんがその昔、東京で大人気だった娘義太夫であった。あの時代、寄席《よせ》から寄席へ、おっかけもついた人気者だった。今でいうAKBみたいな存在だったのだ。

☆

ラッシャーは言った。「おいババ（馬場）！　とても他人とは思えないんだこの野郎！　今度からお前のことをアニキと呼ぶぞ。いいなこの野郎！」。

「芸人の実力と荷物の大きさは、反比例の関係」

（髭男爵《ひげだんしゃく》・山田ルイ53世）

荷物の大きい芸人はみっともないと、山田ルイ53世は言う。理想の形は何も持たず、手ぶらで劇場へ入ってそのまま舞台をやり、そのまま大拍手に送られ帰っていく形である。一発屋と呼ばれるキャラクター芸人の荷物・衣装・小道具・メイク道具の多いこと。

それにしても『新潮45』２０１７年1月号から始まった山田ルイ53世の新連載「一発屋芸人列伝」がこれから楽しみである。第1回で取り上げたレイザーラモンHG、これがまたなかなかの出来。これから先、一体どんな人間模様を書き連ねていくのか。素材は山ほどあるだろう。「ゲッツ！」のダンディ坂野から小島よしお、ムーディ勝山、ヒロシ、スギちゃん、日本エレキテル連合、コウメ太夫《だゆう》ｅｔｃ。最終的に自分を書いて「ルネッサーンス！」。

その後「コウメ太夫」の巻も呼んだが、とんでもない奴《やつ》だったんだネ。大嫌いな芸だったが、これを読んで少し、その人間性に興味を持った。髭の筆力だろう。

【文庫追記】『一発屋芸人列伝』が新潮社から単行本化されて話題になったので今やワイドショーからも呼ばれコメンテイターみたいなものをやっている。

その後「新潮45」の姿は本屋ではみかけない。

「う〜ん、さだクンはスピーチで損をしているね」（長嶋《ながしま》茂雄）

招待を受け、花束を持ってさだまさしのコンサートへやって来た長嶋さん。さだのライブといえば、ほぼお喋《しゃべ》りが名物。黙って聞いていた長嶋さん、帰り際《ぎわ》にスタッフにポツリ「う〜ん、さだクンはスピーチで損をしているね」。

☆

いつもトンチンカンな長嶋さんのフレーズを紹介している私だが、いい言葉もいっぱい残してくれている。我が家にある膨大な長嶋さん語録より。

少年時代を語って。

「高校生の僕にとって庭の柿《かき》の木の下が〝後楽園〟、バットを振っているのは〝ジャイアンツの4番、長嶋〟でした」

あの天覧試合を終えて。

「あの日を境に、野球はベースボールになりました」

攻撃野球について。

「野球は〝間《ま》〟が多いスポーツだからこそ、一瞬の油断なく〝間〟を打ち破るスピードプレーに備える」

監督としてユニフォームを脱いだ時。

「負けたとは思っていません。人生のほんのひと時が終わったのです」

クゥ〜〜、泣ける言葉だ。

☆

余談ですが、この春（2017年）、『キネマ旬報』という映画がメインの雑誌媒体で、せんだみつおが可愛《かわ》いがってもらっている長嶋氏について、数回にわたり語っているのが妙におもしろかった。現在の長嶋茂雄を語っているのがすごい。

【文庫追記】18年秋BSで、長嶋の選手としての最後の日を放送していた。444ホーマーを打った日だ。親しかったニッポン放送深沢アナに「雨にも負けず風にも負けずって――あんなつまんない人生はないね。僕だったら雨を喜び風を楽しむけどネ」とプラス思考。そう。座頭市も言っていた。

「落葉は風を恨まねぇよ」

☆

そして私の大好きな映画監督、『幕末太陽傳《でん》』の川島雄三《ゆうぞう》はこの言葉を好んだ。

「花に嵐《あらし》のたとえもあるさ　さよならだけが人生だ」

「講談は読むという」（永六輔《えいろくすけ》）

永六輔が書いていた。
〈講談は読むという。
義太夫《ぎだゆう》は語るという。
落語は話すという。
長唄《ながうた》は唄うという。
この差を楽しむだけでも日本の芸能は面白い〉

☆

口から常に新しいことを吐き出すから噺家。口から出まかせのちょっとした話だから小咄。落語は「師匠」で講談は軍記物やら難しいことを教えてくれるので「先生」。寄席《よせ》では色物はすべて「先生」。だから寄席の楽屋をのぞくと「ぺー先生！」なんて言葉が飛び交っている。びっくりだ。というのもその昔、楽屋に貼《は》り紙があり、そこには「ぺーだけサンづけは失礼。先生と呼ぶこと。談志」とあった。アハハ。

この業界では昔から「家元」といえば談志。「大将」が欽《きん》ちゃん。「殿」がたけし。一時期、さんまは「若」と呼ばれていた。「座長」は三宅裕司《みやけゆうじ》。「リーダー」が渡辺正行かダチョウ倶楽部《クラブ》の肥後克広《ひごかつひろ》。「総裁」大川豊、「博士」は水道橋、「大統領」トランプ、「親方」がガダルカナル・タカか松村邦洋《くにひろ》。「カントク」は山本晋也《しんや》、「センセイ」が私、高田文夫である。

10年位前、なぎら健壱《けんいち》が「オレにも何か親しみやすいの付けてくれない？」というのでしばし考え「大佐ってのはどう。誰も付けてないから。なぎら大佐！」「いいネ、いいネ」。以後、半年間、なぎら大佐と呼ばせ続けたが全然なじまなかった。誰も呼ばなかった。

ここへ来て若者が「パーマ大佐」を名乗りブレイク中。『森のくまさん』でも様々な話題となった。彼は埼玉出身なので「パーマたいさ」。これを下から読むと「さいたま、パー」となる。なぎら大佐とは何ひとつ関係ない。

歌舞伎座《かぶきざ》のウラのあたりを木挽町《こびきちょう》という。粋《いき》なひびきだ。〝さんぽ会〟で歩いていたら印刷所のおじさんが私をみつけ「なに今日？　昔のなぎらン家《ち》さがしてるの？　その路地右側がなぎらが住んでた処《ところ》。そこ左へ行くと柄本《えもと》（明）ん家」。

幼少期、なぎらと柄本はすぐ近くに住んでいたのだ。たしか欽ちゃんと伊東《いとう》四朗もガキの頃、目と鼻の先に住んでいた。

☆

【文庫追記】私が幼少期から大学卒業まで住んでいたのが小田急線の千歳船橋《ちとせふなばし》。家から左の方へ行くと清川虹子《にじこ》の大邸宅。右の方へ行くといつも庭にしのびこみ柿《かき》や栗《くり》を盗んだ森繁久彌《もりしげひさや》邸。「社長シリーズ」が大ヒットしている頃だ。大声で叫ぶ小学生の私「シャチョーッ今日は会社休みかー？」「またお前か〜ッ」と棒を持って追っかけてくるのが面白くて面白くて。

「テレビのワンクールは3か月かもしれないが、ラジオのワンクールは10年だよ」

（ナイツに贈った私の言葉）

ＴＢＳラジオで永六輔《えいろくすけ》の番組が終了し、その後がまにナイツが指名された時、私がナイツに心構えを教えた。普通の番組ではなく、ましてや永六輔の後である。私の『高田文夫のラジオビバリー昼ズ』は平成元年のスタート。平成ももう29年である。３クールもやっている勘定になる。果たして4クール目はあるのか。

余談だが、若き日、どんなレギュラーが決まっても必ずワンクールで終わってしまう芸人が居た。誰が呼んだか「クールな男」。

【追伸】水道橋博士が編集長をつとめる「メルマ旬報」というネット上でこの春（２０１７年）から私の一代記を書き記していく「ギョロメ伝」が始まった。作家の相沢直《すなお》が時間さえあれば私を取材し克明に時代背景と共に私の行動を書いていく。毎月更新しているのだがいったい何年しゃべれば収まるのか……。誰か本にしてくれないか。百科事典なみの厚さになりそうだ。

第二章 笑言

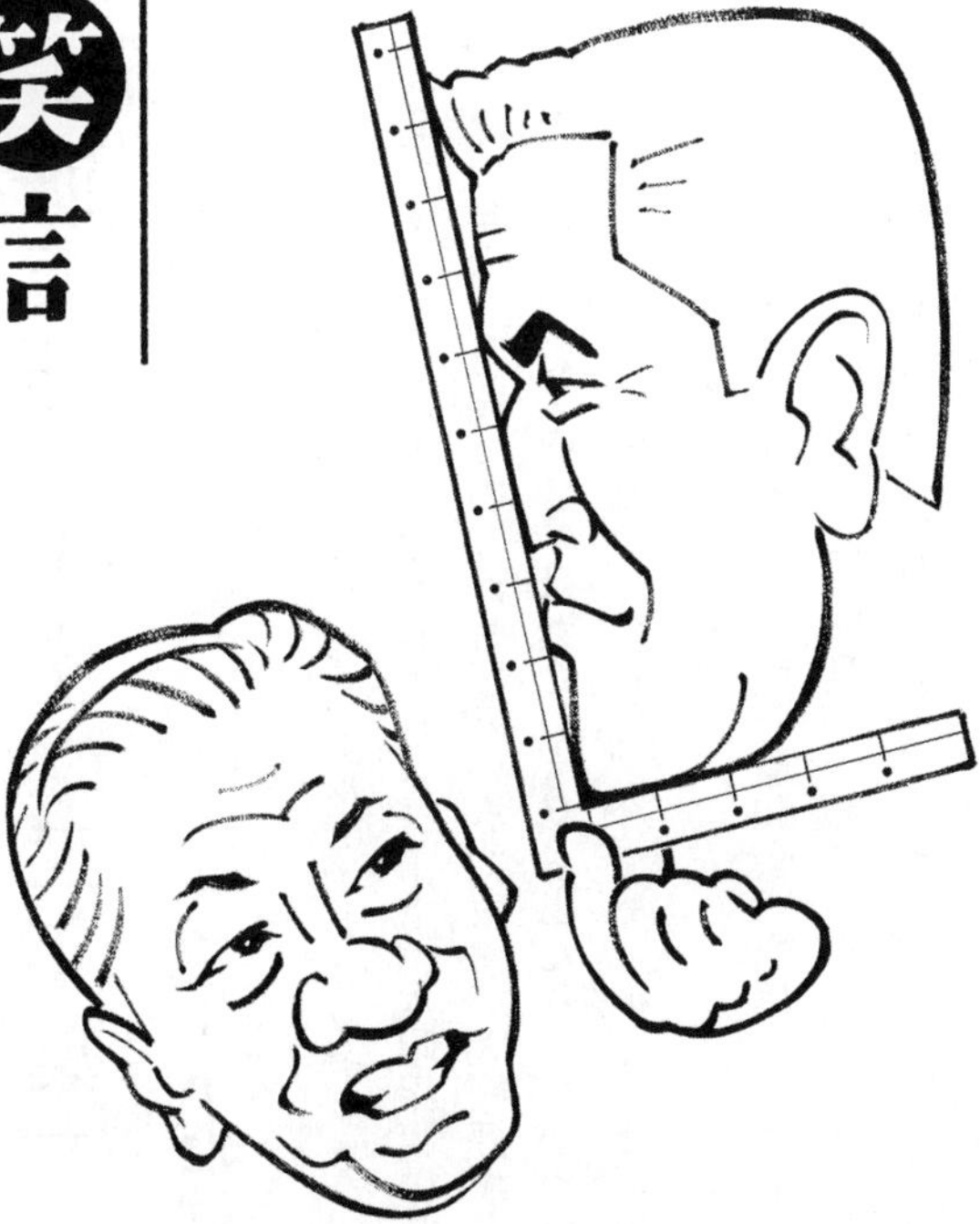

「元旦《がんたん》や　餅《もち》で押し出す　二年糞《ぐそ》」

（ビートたけし）

もはや「伝説」ともなった『ビートたけしのオールナイトニッポン』。開口一番、第一声がこの一句である。1981年1月1日スタート。木曜深夜1時から3時までの2時間。その年の3月までの3か月間という約束が、大好評すぎて最終的には10年間続いた。後半のおよそ2年はたけしも私も出たり出なかったり。ほとんど〝たけし軍団〟でつないでいた。この一句、今では「柿《かき》くへば　鐘が鳴るなり　法隆寺」くらい有名な一句となったのだ。

1990年頃から山藤章二氏を宗匠とする「駄句駄句会」を始め、私も俳句にいそしんだところ……うまいと思っていた「元旦や」のこの句、まぁ駄目だ。

俳句に必要なのは季語。これは分かるね。俳句で一番やってはいけない事は〝季重《きがさ》なり〟といって二つ季語を入れちゃうこと。将棋でいうところの〝二歩《ふ》〟

というヤツだ。２０１５年にもマヌケな将棋のプロが居ましたよネ。

冬の句なのは分かるが「元旦」と「餅」と二つ入ってる。

余談ですが「元旦」とは1月1日の朝（午前中のみ）のこと。１日を言いたかったら元日である。旦の字の下の横棒が地平線で、陽が昇ってきたところを「日」という形であらわしたらしい。

☆

それにしてもたけし33歳と私32歳で始めた『オ《A》ールナイトニ《N》ッポ《N》ン』。近頃やたらと言われるのが、「70歳を越えたら生放送でANNやってくださいよ」というお願い。お互い本当に呆《ぼ》けちゃって「コーマン」などと言わず、直接４文字叫んじゃったり、おしっこもらしちゃったり大変だろう。それより午前１時回ったら熟睡しているかもしれない。この幸せ者！　バイビ〜ッ。

【追伸】只今《ただいま》生放送中に一枚メモが。「元旦や」の句は俳人金子兜太《とうた》の父である金子伊昔紅《いせきこう》の作ではないのかと。「二年糞」が「去年糞」になっているが——とある。たった17文字の俳句。１文字違えば盗作とは言われない。考えてみれば「去年糞」だって季節のものだから季語は三つということになる。

【文庫追記】開口一番がたけしにまかせたこの一句だったが、その後の台詞《せりふ》はキッチリ私が宣言を書いて読んでもらった。

「この番組はナウでヤングな君達の番組では決してなく、完全に私の番組です」

こうハッキリ言い渡したのでたけし（並びに私）の基本コンセプトは決まった。

この精神だけで10年間を突走った。ラジオの前の若者になんか決して呼びかけない。毎週たけしのネタおろしと、それをうけて反応する日本一の客の生ライブをただオンエアしてあげている幸せすぎる2時間だったのだ。革命だ。

「あそこが立っているのが、うちの主人です」（三宅《みやけ》裕司《ゆうじ》夫人）

友人の立食パーティーに出かけた三宅裕司夫妻。奥で食べていた三宅。入り口付近で友達に会ったらしい三宅夫人。「旦那《だんな》さんはどこにいるの？」と聞かれて奥を指さし、

「あそこが立っているのが、うちの主人です」

それを言うなら「あそこに」である。パーティーで立ちっ放しって三宅も凄《すご》いな。あっ、立食パーティーか……。

他にも三宅夫人の武勇伝はいっぱいありまして……。

急いでタクシーに乗り、近道をアドバイスしようと一言。

「あっ、運転手さん。次の信号を右に曲げて！」

そんな力持ちはいない。

☆

もっと凄い天然夫婦が『佐賀県』のヒットで知られる、はなわ（ナイツのボケ、塙《はなわ》の兄）夫妻。奥さんが買い物に行くというので、はなわが資料用にと思い、

「GLAYのベスト（アルバム）買ってきて」と頼んだ。

1時間後、グレー（色）のベスト（チョッキ）を買ってきた。

「この灰色、どこへ着ていくの？」

☆

はなわ若き日。

「前説《まえせつ》の仕事に行ってくるよ」

と出かけた。何回も何回も行く内に不機嫌になった奥さん、

「一体、何なの⁉　そのワイセツの仕事って？」

〈注〉前説とは観客に本番前の説明をする若手芸人の仕事。「取扱い説明書」を取説《とりせつ》というのと同じ。

ワイセツの仕事とはAV男優のことか。

「ベッドインは何時なの？」

（三宅裕司《みやけゆうじ》夫人）

もう一つ。天然ボケ本物の、三宅裕司夫人。家族旅行でやってきたホテルのフロントで、

「お宅はベッドインは何時なの？」

聞かれたホテルマンも困って、

「お客様のお好きな時間でよろしいかと……」

それを言うなら「チェックイン」。

☆

三宅裕司率いる劇団SETといえば、「百回びっくりポックリ病の男」を演じて爆笑をとっていた小倉久寛《おぐらひさひろ》。すでに99回おどろいていて「ワッ」とおどされ、

「アーーッ、びっくりしたかと思った」

と笑わす。やっと見た目と実年齢が近づいてきた、老《ふ》け顔。小学校5年生の時、床屋へ行ったら、

「大将、今日は現場、休みですか？」

と聞かれたそうな。

☆

ずっと長いこと「伊東《いとう》四朗一座」に出演し、伊東が出られない時は伊東の手前で熱海、四朗じゃなくて五郎と「熱海五郎一座」を率いてきた三宅。2016年の年賀状には、

「熱海五郎丸一座として活動していきます」

【文庫追記】五郎丸という言葉がブームになったことさえなつかしい。

「オールドパーってのは、年取ったバカか？」

（BARでとなりの客）

ウイスキーのオールドパーとは152歳まで生きた精力絶倫のパー爺《じい》さんにあやかってつけられた名前だと、何かの雑誌に書いてあった。

年齢不詳の林家ぺー、実は80歳説、85歳説もある。もう少し年を取ったら奥方がやはりオールドパーと呼ばれるのかしらン。林家パー子。本当のことを言うと小学校の時、斉藤清六と同じクラスだった。私だけが知っている、この秘密。

☆

パー子、若き日はチャーミングでなかなかのべっぴん。「林家パー子の〇〇」という冠の付いたレギュラー番組を3本くらい持っていた。その頃、根岸（林家三平宅）に出入りしていて一緒に行儀見習いをしていたのが藤圭子《けいこ》（宇多田ヒカルのお母さん）である。

圭子の夢はすぐに開いたが、パー子の夢はすぐにしぼんだ。

☆

藤圭子が亡《な》くなったのは2013年8月のことだったか。デビュー曲は『新宿の女』。たしか新宿西向天神社《にしむき》に歌碑が建っていたような。

デビューから3枚目のシングルが『圭子の夢は夜ひらく』。その頃文壇で野坂昭如《あきゆき》と共にブイブイ言わせてた五木寛之《ひろゆき》が、藤の歌を〝演歌〟ではなく怨《うら》みの歌〝怨歌《えんか》〟と呼んだ。同名の小説はベストセラーとなりドラマ化もされた。

【文庫追記】ニッポン放送昼『高田文夫のラジオビバリー昼ズ』金曜日の相手は松村邦洋《くにひろ》と磯山《いそやま》さやかのコンビ。このふたり、私がムチャぶりしても最近はすぐにぺーとパー子でかえしてくる。籠池《かごいけ》夫妻にも瞬時でなりきる。恐るべし。マスターしてしまったコンビ芸。爆笑太田《おおた》が感心しうらやましがっていた。この爆笑問題の事務所も日大の田中理事長の「ちゃんこ料理たなか」があるのも阿佐ヶ谷。渋すぎる映画館「ラピュタ阿佐ヶ谷」へ18年11月フランキー堺《さかい》の『羽織の大将』を見に行き同時に見たのが当人が主演する『藤圭子　わが歌のある限り』。珍品。

「荻《おぎ》」や「萩《はぎ》」（高田の漢字帳）

「荻」と「萩」がいまだに書き分けられない。「荻窪《おぎくぼ》」と「萩の月」である。荻窪の方にはあまり行かないし、仙台でお土産の「萩の月」を買うこともあまりないし……。

「おぎやはぎ」ってコンビはここからきてんのかなあ。たしかおぎのお母さんは森山良子《りょうこ》。ザワワだろ？　新国立競技場をデザインしそうな婆《ばば》ァだなあ。ザワワって。ン？　あれはザハ氏？　しかし近頃しみじみ思うのだが、森山良子より清水ミチコの方がより森山良子に似ている気がする。

そんな事より今度は聖火台の問題だって？　オリンピックのノウハウが書いてある本ってないのか。昔あった『五輪書《ごりんのしょ》』ってのは違うの。オリンピックのやり方が載ってる訳じゃない？　宮本武蔵《むさし》著？　地・水・火・風・空の五巻？

【文庫追記】今ではユーミン（松任谷《まつとうや》由実）の最初のあいさつは定番となった

「どうも……清水ミチコです」。これがうけるのだ。2018年10月2日に帝国ホテルで行なわれた「ANN50年」のパーティーでもつかみはこれで大爆笑。

暮正月の清水ミチコ武道館ライブも定番となった。〈笑い〉で武道館というと最初が多分〝漫才ブーム〟の時のザ・ぼんちコンサート。次はたしか私も手伝った春風亭小朝独演会。そして松本人志のソロライブときて清水だろう。

「濱田岳《はまだがく》の父は火野正平」(高田の都市伝説)

あくまでも私が耳にした芸界都市伝説である。
〈たこ八郎は泳げなかった〉
〈永六輔《えいろくすけ》は単三電池で動いている〉
〈東京タワーの一番上の高い所はビートたけしの父、菊次郎が塗った〉
〈佐賀のがばいばあちゃん(島田洋七・作)なんて本当は居ない〉
→そのうち「がばい爺《じい》さん」が出てくるかも。
〈『佐賀県』を歌ったはなわは、千葉生まれ。埼玉に彼女がいる〉
〈デーブ・スペクターは埼玉県人〉
→これは本当。私が東スポにリークして一面を飾ったので、間違いはない!
髪の毛を染めて、目の色も変えているらしい。

〈内海桂子《うつみけいこ》93歳。番組で健康状態を調べたら骨《コツ》年齢が30代。しかし脳年齢が120歳で放送できなかった〉

桂子師匠に可愛《かわい》がられているナイツには、こんなのも。

〈ヤホー漫才でブレイクしたナイツ。当時、住んでいたのが中野区の野方《のがた》だったので、これを「ヤホー」と読んだ〉

〈CMで金太郎をやる濱田岳の父は火野正平説がすっかり広まったら、本当の父は西田敏行《としゆき》説〉

〈aikoはイルカの隠し子説〉

【文庫追記】大横綱輪島が亡《な》くなったら出るわ出るわ。噂《うわさ》のアラシ。今の林家三平の父は輪島説。スケートの安藤美姫《みき》の赤ちゃんのパパは実は輪島説。先代貴《たか》ノ花《はな》とボーイズラブ説。同年亡くなった左とん平と兄弟説、これすなわち〝黄金の左〟。

そしておどろいたのが、先日亡くなったさくらももこと TARAKOが同一人物説。イルカ替え玉説。誰かが私に教えてくれた。「想《おも》い出《で》は心の非常食」。

「一時がバンジージャンプ」

（リアクション芸人の集合時間）

過酷なロケである。一時がバンジーで二時が熱湯風呂《ぶろ》。出川クンだけ残って四時からアメリカザリガニである。今やダチョウ倶楽部《クラブ》と出川哲朗がリアクション名人芸。元祖はなんといっても片岡鶴太郎《つるたろう》と稲川淳二《じゅんじ》とたけし軍団だ。

私が台本を書いた『オレたちひょうきん族』の「タケちゃんマン」で、たけしと鶴太郎が茶の間でおでんを食べるシーンがその始まりである。やっぱり、たけし&鶴太郎という下町の悪ガキ同士のいたずらっぽいいじめが、おかしみを増大させた。熱くて本気で逃げ回っていた鶴太郎の面白かったこと!!

【追伸】ちなみにたけしがドカジャン（アルプス工業）を着て「冗談じゃないよ」と横へ首を振る。あの人を鬼瓦権造《おにがわらごんぞう》と名付けたのは私である。『ひょうきん族』以外に同じスタッフでフジテレビ特番『タケちゃんの思わず笑ってしまいました』シリーズを作っていてそこから生まれた。

【文庫追記】ヨガであんなにやせちゃった鶴太郎。よく考えてみるとヨガはあまり体によくないんじゃないか。

鶴太郎が寄席《よせ》芸人として一番最初についた師匠が片岡鶴八《つるはち》。寄席で市川右太衛《うたえ》門《もん》の「旗本退屈男」などやり、ひたいの三日月の傷を指し「パッ!!」と見栄《みえ》を切り人気。

鶴太郎の弟子になりたいというバカが来たので鶴太郎と私で考えてつけてやった名が「片岡ツルハシ」。これならいつでも工事現場へ行ける。こいつはすぐ何処《どこ》かへ行っちゃった。そのあとに来たのが春一番。

「アホの坂田」（大阪人の基礎知識）

かつての〝コメディNo.1（ナンバーワン）〟の坂田利夫《としお》である。コメワンはある時期、あの横山やすし・西川きよしの〝やすきよ〟と好敵手。凄《すご》い人気もあった。

誰が言ったか〈アホの坂田〉。これが通り名となった。浪花《なにわ》で知らぬ者なし。色紙を頼まれると必ず〈アホの坂田〉。先日とうとう老いたのか、気が付いたら〈坂田のアホ〉と自分で書いていた。70過ぎてひとり身。同じ独身の後輩、ナイナイの岡村隆史《たかし》を異様に可愛《かわい》がっている。

☆

坂田師匠、妹の結婚式に親族として列席した。兄からのあいさつ、という段になり、マイクの前に立ち、

「ふしだらな妹ですが、今後ともよろしくお願い致します」

ふしだらな妹を嫁にやっちゃまずいだろ。それを言うなら、ふつつかな妹。

ナイナイの岡村、東京で志村けんと仕事をし、大阪へ行って今度は坂田と仕事。岡村、しみじみとこうつぶやいたそうだ。

「ええねん。俺もずっとひとり身でええねん……」

志村、坂田――東西の独身王である。

☆

昨日見たテレビ。45歳を過ぎてまだ独身の男の人（バツイチではなく。きれいなままの未婚）が将来結婚できる確率は0・6％なんだそうな。衝撃。ほとんど〝生涯ひとり身〟ということ。うわぁ〜サブ。

私の周りにも春風亭昇太（56歳）、そのマネジャー（同じような年）、私の弟子（51歳？）、松村邦洋《くにひろ》（48歳）。みんな独身。変な目で見られても仕方がない。

【文庫追記】右の原稿から2年が経《た》ち昇太も59歳。すぐに還暦である。嫁さんもなしに「笑点」より先に「昇天」だ。

「見ざる・聞かざる・天ざる」

（三猿ではない）

猿もきっとお蕎麦《そば》が大好きだったのだろう。その昔、ビートきよしが私に、

「ホラッ、日光の方に猿いるでしょ？」

「猿？」

「みえない、きこえない、しゃべれないって猿」

そんな気の毒な猿はいないだろ？　三重苦か⁉

☆

ツービートで売れる前、浅草時代のビートきよし。上々のストリッパーをつかまえ、ヒモになった。このお姐《ねえ》さんが実はおかまで、元は自衛隊の特殊部隊に居たという筋肉モリモリ。このおかまの姐さんに初めて買ってもらった外車が「カマロ」。

話ができすぎ。その後、浮気がバレたきよし、浅草中を引きずり回された。めでたし。

【文庫追記】ヒモ体質というのもあって、裏の世界ではもてるけど、女グセも悪くすぐ別れる「3B」といわれているのが「バーテンダー」「美容師」「バンドマン」。これに「暴力団」と「ブローカー」の2Bを足すと〝5B〟となりまるで濃いエンピツのようである。

「打つと見せかけてヒッティングだ」（長嶋《ながしま》茂雄）

長嶋語録はもうたくさんありすぎて今さらだが――この台詞《せりふ》はランナー2・3塁で代打を呼び、耳元でこう言った。

「打つと見せかけてヒッティングだ」

初めて監督になった日、記者から、

「やっぱり興奮しますか？」

と聞かれ、

「ええ、まぁ、毎日が巨人戦ですから、ハイッ」

他にも、

「私は若き日、ホームランバッターというバッテラを貼《は》られましたから」

バッテラを貼られちゃいけない。レッテルである。

☆

漫才ブームの時、ビートたけしに会った長嶋さん。

「いやぁ〜、いつも見てますよ、テヘ漫才！」

嬉《うれ》しそうに続ける長嶋さん。

「テヘ漫才、面白いねぇ！」

「テヘ」って何だろう？

考えたら新聞のテレビ欄に『THE　MANZAI』とあった。「THE」を「テヘ」と読んでいたらしい。

あるパーティーで乾杯の音頭《おんど》を頼まれていた長嶋さんだが、体調悪く熱が出て帰宅。2週間後、氏に会った徳光和夫《かずお》が「熱が出て大変でしたネ？　どの位出たんですか」と聞くと、ミスターひと言「3割7分2厘《りん》」だと。


【文庫追記】最近入荷した話。V旅行でハワイへ向かった一行。「ビーフORチキン？」と機内食を聞かれた川上監督「ビーフ」「あなたは？」と王が聞かれ「ME　TOO」「あなたは？」長嶋「ミー、スリー」

「銀座でも、五本の指が入るいい女」

（私の呑《の》み友達）

平成の最初の頃か。飛ぶ鳥落として遊びまくっている頃。今日は銀座か六本木、明日は赤坂、神楽坂《かぐらざか》。とにかく毎晩、呑んでいた。そんな時、私のバカな悪友が、

「高田！　いい女居たよ。銀座でも、五本の指が入るいい女！」

本当に言ったのだ。それを言うなら「五本の指に」である。

五本の指が入ってはいけない。中でジャンケンをするんじゃない!!

☆

どうでもいい事なのだが——足についてる指。

端から二番目のヤツ、あれも〝人差し指〟と言うのだろうか。

あんまり足で人を指《さ》したことはないが……。

老婆心《ろうばしん》ながら!!

「孔子、孟子《もうし》って誰だよ？　談志の弟子か？」（となりの酔っぱらい）

談志師匠は若い頃から色紙を頼まれると、「弟子はみんな馬鹿《ばか》」と書いた。

私もこの年齢になってやっと分かった。私のところも弟子は見事にみんな馬鹿。

談志曰《いわ》く、「馬鹿は隣の火事より怖い」。

談志の元へ入門した前座時代を書いたのが談春の『赤めだか』。本が出たときに私は帯のキャッチコピーを頼まれ「直木賞でももらっとけ」と洒落《しゃれ》で書いたら2015年、本当に芸人、又吉直樹《またよしなおき》が芥川《あくたがわ》賞を取るという現実を見た。

【文庫追記】談志にある日きいたことがある。

「師匠、もう弟子はとらないんですか」「弟子をとったところでなぁ……売れない落語家を量産するだけだしなァ……」と言った。志《し》の輔《すけ》・談春・志らくが世に出る前はハッキリ言って談志一門は売れない噺家《はなしか》だらけだった。売れることが師匠への一番の恩返し。

若手達が売れると兄弟子たち沢山とのグループショットが週刊誌などに載る。写真の説明のキャプションには「志の輔・志らく・談春ら、」と書かれる。先輩真打ちたちは「ら」で片付けられる。誰かがポツリと「所詮《しょせん》オレ達は〝ら族〟だから……」だと。裸なのか。

ルー大柴《おおしば》が久しぶりにテレビに出ていて笑った。

「バカもホリデー、ホリデーに言え」

一時はこんなルー語も一世を風靡《ふうび》したものだけど……。

「仏の顔もスリータイムズ」

「藪《やぶ》からスティックな事言うなよ！」

そして最後に、

「堪忍《かんにん》バッグの緒も切れるよ！」

☆

今はなんたってDAIGOの〝DAI語〟というヤツ。北川景子へのプロポーズの言葉が「KSK」だというのだ。そのココロは「結婚してください」だとさ。

久しぶりに芸能人が日本中から祝福された。

【文庫追記】ルーもDAIGOも肩の力が抜けててとてもいいと思う。

誰かがうまい事書いていた。

〝熱演といわれる役者の芸の無さ〟

「むかうところ手品師」（高田のことわざ）

元は「むかうところ敵なし」。そのくらい、分かってるって？

むかって行った先がMr.マリック、ナポレオンズ、マギー司郎、審司だったらびっくりするよォ。いきなり鳩《はと》が飛び出して来たり、頭がグルグルまわったり……。

この洒落《しゃれ》を一番、喜んでくれたのが伊東《いとう》四朗。私に会うといきなり小声で「むかうところ手品師」と言う。小《こ》遊三《ゆうざ》と並ぶ駄洒落名人の私の中でも、生涯ベスト5に入る名作。

☆

名作ばかりでなく、駄作もつぶやいてはいる。「糖尿だよおっ母《か》さん」「愛は子宮を救う」「モギリよ今夜も有難う」……ウーン、やっぱり洒落が古いわ。もっと新しいのも入れて「新旧ベリマッチ」だな。

俳句の形にした私の名駄洒落もあって、プロ野球のキャンプが始まった時、カーンカーンとノックの音も聞こえてきそうなのが「本州に球春四国北海道」。

スケールの大きな我が句です。

【文庫追記】読売新聞朝刊一面の名物コラム、心に沁《し》みる「編集手帳」で名コラム記者である竹内政明《まさあき》氏がよく私の駄洒落を採用してくれて朝からビックリすることも度々。そこで又使ってもらおうと幾つかメモを。

「変りゆく町並、仕事は人並」
「文学界に直木賞があるなら芸能界に植木賞があった方がいい」
「人生という番組に予告Vはない」
「日日是口実」「小細工のきかないブサイク」
「芸の為《ため》なら女房も中洲《なかす》」「四の五の言わない六」
「パクリとチクリで45年」(by せんだみつお)

☆

文章の師と陰ながら尊敬している竹内氏だが、いまは体調を少しくずされて休筆しているようだ。代りの方もあの名文の後釜《あとがま》となると大変だろう。竹内氏、早く元気になってまたあの名文のラッシュを読ませて下さい。

「サイン色紙を頼まれると〝ガッツ右松〟と何の疑いもなく書いていた」

（ガッツ石松）

『クイズタイムショック』に出て、

「太陽はどこから出るでしょう？」

にすかさず、

「右！」

それはあなたのアパートの部屋の話。これを『ビートたけしのオールナイトニッポン』で披露したら大ブレイク。あれから35年。いまだに様々な芸人の手によってガッツ伝説が作られていく。ありがたいお言葉の数々を……。

☆

「亀《かめ》を英語で何と言う？」

「スッポン！」

☆

「私はね～、ボクシングに出会ってから、人生観が３８０度変わったんです」

（20度しか変わってない）

☆

「12月25日はクリスマス。誰の誕生日？」

「七面鳥！」

☆

「エジプトの首都は？」

「ピラミッド！」

☆

「土木作業員って仕事あるでしょ。いいなぁ。土曜と木曜しか働かないんでしょ」

☆

「好きな数字は何ですか?」

「ラッキー7の3!」

☆

「お休みの日、オフの日は何をしていますか?」

「ん〜、オフの日はあんまり仕事してないねぇ」

☆

ガッツ石松のタイトル防衛戦。最終ラウンドまでもつれて判定でやっとガッツが勝った時、アナウンサーが、

「今日の一戦は最後まで苦しかったですねぇ」

するとガッツ。

「ええ。今日はレフェリーが公平だったからねぇ」


【文庫追記】この小咄《こばなし》が世に出たのは20年以上前。今や山根会長の「奈良判定」は皆な知っている。

「長袖《ながそで》は今日も暑かった」

（元は内山田洋《ひろし》とクール・ファイブの名曲）

単なる洒落《しゃれ》です。こんな日もあるでしょ。出先で汗びっしょり。半袖着てくりゃよかったな。長袖は今日も暑かった。それにしても前川清の歌声というのはいい。凄《すご》い。同業者が選ぶ歌のうまい人というアンケートがあって、1位がなんたって前川清。そして玉置浩二《たまきこうじ》、松山千春、このあたりが確かベスト3だったような。やっぱりうまいんだな。

我々、笑芸界で駄洒落がウマいベスト3に入るのは、前述の通り小遊三《こゆうざ》。30代の若い頃からお互い、言いあっていた。たい平もきれいにまとめる。立川左談次、古今亭志《し》ん駒《こま》、こちらのお師匠さんもお上手。

【文庫追記】こう書いたのが2年前。２０１８年、大好きだった志ん駒師、左談

次師逝《い》く。日本一、気をつかいヨイショの達人だった志ん駒師。生涯の名作が、

〝される身に　なってヨイショは　ていねいに〟

なんたって志ん駒師、ヨイショするのに手と手をこすりすぎて指紋が消えていたというんだから……。

「お言葉返すな、借金返せ」

（星セント・ルイス）

１９８０年代、東京漫才の希望の星として若者達から圧倒的に支持されたのが星セント・ルイスとツービート。セント・ルイスには早口すぎる名言がたくさん。

「出世の条件とは？　義理と人情とお中元」「キュウリ、ピーマン、ナス別荘」なんてのもあった。誰でも知っているヒットフレーズが、

「田園調布に家が建つ」（家も建たずに早世した）

「ヒット曲の条件とは？　声と顔立ち、事務所の力」

「現代の若者が必ず持っているものは？　ジーパン、Ｔシャツ、下心」

なんてのもあったっけ。会いたい。私と同世代のコンビなのにふたり揃《そろ》って逝《い》ってしまうとは……。たいていは片方が残って長生きするのだが。内海《うつみ》桂子《けいこ》しかり、あした順子・ひろしの順子しかり。青空球児・好児はいまだに二人共元気で

現役。「ゲロゲーロ、よもくぼ（ぼくもよ）」


【文庫追記】球児・好児は逆さ言葉の漫才ネタも有名だった。

「良き姿なぁ」「なんだ？　なんだよ」

「ヨキスガタナア……あなたが好きよってって言ってんだよ」

「オレはちゃんゆうのパイセンだよ」（宍戸錠《ししどじょう》）

芸能界独特の逆さ言葉というヤツ。これを訳すと「俺は裕ちゃんの先輩だよ」という事になる。

ザギンが銀座で、ギロッポンが六本木くらいはカタギの皆さんも知ってるでしょ。タモリだって本名の森田を逆さにした芸名。

戦後、ジャズマンが使い出し、テレビ業界で流行したが、江戸の昔から洒落《しゃれ》で逆さにしていたとも。

乱暴者で酒乱、古典落語「らくだ」の馬さん。この「らくだ」も動物のらくだではなく、堕落しきった生活をしているので〝堕落〟が逆さになって〝らくだ〟の馬になったという説もある。今から47年前に書かれた永六輔《えいろくすけ》『芸人その世界』にこの記述がある。

☆

逆さ言葉、早い話、言った者勝ちというイキフンがあるが……あっ、この〝イキフン〟は雰囲気ってことで——。

「ケーサーミーノー」が酒を呑《の》み、「パラヨッちゃった」が酔っ払っちゃった。「シャテンジ」は自転車、「シータク」がタクシー、そんな事は「ジラレナイシン」。信じられないって事だ。石塚の「マイウー」は「うまい」。すでに市民権。

タマキン、コーマンの説明はいらないよネ。

「パイオツ、カイデーのナオンとテルホでデー発クーイー」。

これを戸田奈津子《なつこ》が翻訳しますと「おっぱいでかい女とホテルで２発イク」という事になる。

【文庫追記】元々はバンドマンの言葉だなと思うのが「１２３４５」を「ツェー、デー、イー、エフ、ゲー」と言う。ギター弾く人ならすぐ分る。これがよそにバレないように使う。

「今日のギャラは？」「デー万ゲー千」という具合。２万５千円ということだ。

「それじゃ明日、マドンナで5時」（ビートきよし）

待ち合わせといえば六本木交差点のアマンドである。マドンナでは会いづらい。窓についたピンクと白の大きなひさしが目印だったが5年前、ビルの建て替えと共にピンクの5本の旗に変わった。１９４６年、アマンドは新橋に1号店。店名は「甘人」からきているという。サザンの桑田佳祐《けいすけ》が『アミダばばあの唄《うた》』を作ってくれた時、タケちゃんマンとアミダばばあのデートシーンを六本木アマンドでロケしたのが衝撃的。

☆

六本木交差点の斜め向かいに古くからあるのが俳優座劇場。上の方は貸しオフィスになっており、35年も前から小さな小さな私の事務所がある。マスコミ仕事の連絡事務所として使っているが、倒れる前の２０１０年くらいから、顔すら出していない。弟子どもが勝手に使っておる。

部屋代、電気電話代、駐車場代、みーんな私が払ってである。かつて、いかりや長介《ちょうすけ》氏も晩年、個人事務所として借りて電話番だけ置いていた。松平健《けん》ファンクラブの事務所もあるが、他はほとんどカタギの人が借りている。税理士事務所などが多い。ヤクザはいないと思う。80年代漫才ブームの頃、俳優座劇場で『らくごin六本木』の収録をしていたのを覚えている人も少なくない。私が毎週、構成・司会を担当していた。

漫才がブームになったので落語にもスポットを……という我々の親心、おせっかいから始まり、フジテレビの深夜で5年ほど続いた。二ツ目と若き真打ちのみという基準で出演者を選んでいった。この番組のエース、ヘビーローテーションで出てもらっていたのが小遊三《こゆうざ》、桂《かつら》米助（ヨネスケ）、古今亭志ん五（故人）、三遊亭歌之介《うたのすけ》らである。小遊三はすぐに『笑点』が決まり、米助は日本テレビで「隣の晩ごはん」が決まった。

この24年後、ジャニーズが落語家を演《や》るクドカン脚本の『タイガー&ドラゴン』が始まり〝らくごブーム〟のようなものがやっと来た。

〽オレの噺《はなし》をきけ〜ッ

横山剣、クレイジーケンバンドである。

「犬も歩けば猫も歩く」（いろは高田かるた）

棒に当たってる犬なんて見たことある？　犬も歩けば猫だって歩くし、ちょいと都会を離れりゃ猪《いのしし》だって歩いてる。

くだらないもの、無駄なものとして辞書には「犬死」「犬侍」がある。「幕府の犬」なんてのもあるしね。私が思う一番有名な犬は〝忠犬ハチ公〟、2位が『南極物語』の〝タロ・ジロ〟、3位が赤塚不二夫《ふじお》が生み出した〝ウナギイヌ〟。惜しくも4位が〝バター犬〟。谷岡ヤスジのものなら尚《なお》いい。5位はビクターの蓄音機を首をかしげて聞いている「HIS MASTER'S VOICE」のあの犬だろう。

志ん生もクスグリで「何を考えてんだ、この蓄音機の犬！」と使っている。

【文庫追記】犬につづいて今や大変な猫ブーム。志《し》の輔《すけ》に会ったら、「このあいだまで映画撮ってたんですよ」「へえ。主演？　相手役は？」「猫、ネコ、ねこ……」

タイトルは『ねことじいちゃん』。2019年あけてすぐに公開だニャー。

「いつも通り、暦通り」（藤田ニコル）

スタジオでは「お休みは？」「暦通りです」なんて会話が続けられていた。この〝暦通り〟の意味が分からなかったのが人気モデル、藤田ニコル、18歳。

「暦通りってなあに？　竹下通り的なもの？　みゆき通りチックな？」

だとさ。私の友人が呑《の》んでて聞いてきた。

「今、おバカでテレビに出ている藤田ニコルってどこの筋？　昭和のいる・こいるの一門なの？」

のいる・こいる・ニコル……しょうがないしょうがない。へーへーほーほー。

☆

私の知り合いの演出家の稽古場《けいこば》。本読みは進んでいた。するといきなりある女優がこう叫んだ。

「うさぎにかど、急ぎましょう！」

全員が「ン？」。

台本を見るとそこには「兎《と》に角《かく》、急ぎましょう」と書いてあった。どこにもバカはいるもんだネ。

☆

私が新しいスニーカーをはいていると、またもやビートきよし君。私の足許《あしもと》をしみじみと見て、

「いやぁ〜、いいストーカーはいてるねぇ」

だとさ。ストーカーはいてちゃまずいだろ。スニーカーである。あいつの田舎、山形ではよそ行きは地下足袋である。

【文庫追記】昔はビートきよし、今のテレビは長嶋《ながしま》一茂がぶっちぎりだ。セーターを着た女性記者を見て、

「君は南国育ちか。僕は温室育ちだから」

「アホちゃいまんねん、パーでんねん」
（月亭八光《はちみつ》）

小学生だった八光（月亭八方の子）、近所に住んでいた明石家《あかしや》さんまに、「いま学校でこれ流行《はや》っててんねんで。アホちゃいまんねん、パーでんねん」とジェスチャー入りでやって見せたらさんまがバカうけ。「それを売ってくれ」と頼み、５０００円でさんまは買った。これが後に『オレたちひょうきん族』でタケちゃんマンと死闘を繰り広げるパーデンネンの誕生である。

タケちゃんマンと一番最初に闘ったのはブラックデビル。

これもスタート時は高田純次《じゅんじ》が演じていたが、体調をくずし明石家が代演。これが評判も良くそのままさんまが。高田純次はいま地井武男《たけお》の〝ちい散歩〟、加山雄三《ゆうぞう》の〝ゆうゆう散歩〟に続き三代目として〝じゅん散歩〟でバカバカしく歩いている。先日私が歩いていたら道路のむこう側からおばちゃんが「高田さ〜

ん」「ハイ?」「じゅん散歩?」

コケたネ。

【文庫追記】『オレたちひょうきん族』が8年も何故《なぜ》続いたか、若きライターが鋭く分析していた。あの番組はやはり目玉は「タケちゃんマン」での対決。あれだけのセット、仕掛けを毎週使い、タケちゃんマンとブラックデビルやらシットルケ、パーデンネンが闘い、ケガひとつなく毎週放送できたのは、たけしとさんまの人並はずれた運動神経と反射神経のたまものである——と。

あの二人はなにしろものすごいスポーツマンなのだ。とっさに身をかわしたりする運動神経がズバぬけていたからケガもせず走りぬけた。(裏ではケガしてたけどネ)

「下痢と人情　秤《はかり》にかけりゃ　下痢が重たい　おかまの世界」

（かま獅子《じし》牡丹《ぼたん》）


私は体験はないのだが、おかまで下痢気味の奴《やつ》はやっぱり嫌われるんでしょうね。年中下痢しているおかまは、さすがに掘る気は起きないだろう。

汚い話ついでに——。先日、井《い》の頭《かしら》線に乗っていたら高校生が、

「ＬｉＬｉＣｏとしずちゃんって、ウンコ硬そうじゃね？」

硬いウンコをしそうな奴と、軟らかいウンコをしそうな奴って顔で分かるらしい。

☆

南海キャンディーズのしずちゃん、ボクシングでも頑張っていましたが、相方

の山里《やまさと》は柔らかそうで面白い。TBSラジオでやっている深夜放送も毎週聞いているが、まぁ〜どうしようもなくて面白い。過保護気味のお母さんがいまだにネタを作って送ってくるのが傑作。

ボクシングを断念したしずちゃんに、山里がやさしく声をかけ、なんと2016年の「M−1グランプリ」に出ると、15年暮れのラジオで宣言。またひとつ漫才の楽しみが増えた。

男と女の組み合わせで15年に衝撃的に登場したメイプル超合金とかぶらなくてよかった。超合金の女の方は、14年末に放送された『ナンシー関のいた17年』のナンシーをやった娘なんだってネ。知ってた？　相当話も専門的すぎたかな？

☆

1時からの深夜放送を聞きながら眠るのが私の常。

TBSでは月曜伊集院光《いじゅういんひかる》、火曜爆笑問題、水曜山里亮太《りょうた》、木曜はニッポン放送でナイナイの岡村、金曜はTBSのバナナマン、土曜はまたニッポン放送でオードリーである。深夜放送というのは今だに中毒性があって、いいものだネ。

「お札」（林家木久蔵《きくぞう》）

親子で与太郎（落語でいう、愛すべきおバカさん）、天然ものが林家木久扇《きくおう》・木久蔵である。

セガレの木久蔵のカミさんが病気になって、お医者様にすっかり世話になった。お礼の気持ちをいくらか包もうと封筒に書いた。

「お札　林家木久蔵」

お、さ、つって、いくらなんでも生々しすぎるだろう。「礼」と「札」。

☆

偉大なる父を持つ男といえば、安《やす》めぐみと一緒になり、赤ちゃんも生まれ幸せもMAXな東貴博《あずまたかひろ》。父は浅草の爆笑王、東八郎である。

その昔は1階でセコなクラブみたいなのをやっていて、上が住まいのペンシルビル。私も若き日、ディレクターの打合せのお供でよく行った。隅のほうでバレないように水割りを出してもらっていたものだ。その時、店内を走り回っていたセコジャリが貴博。

貴博はグレていた時期もあったようだ。当時、緑一色だった山手線の車体にマヨネーズをかける悪戯《いたずら》をして捕まった。律儀《りちぎ》でしつけに厳しい八郎はすぐに飛んでいって関係者に謝罪。その場で貴博を怒鳴りつけた。

「山手線はキャベツじゃない！」

一同、ズッコケたとか。あいつが高3の時、八郎死去。途方にくれていた貴博に、お通夜《つや》の席で、

「うち来るか？　東さんに教わったことを全部、教えてやるから」

と手をさしのべてくれたのが、若き日に、八郎のそばでいろいろと教わった欽《きん》ちゃんだった。

萩本《はぎもと》欽一は20年位前から公《おおやけ》に「私の師匠は東八郎です」と言い出した。

東八郎、5人くらいで芝居してても自分の真うしろに居る人間にまで的確につっこんだ。「うしろに目がある」とも言われた。八波《はっぱ》むと志、東八郎、萩本欽一、ビートたけし。これが浅草の四大つっこみ王だろう。神業に近い芸である。

「ジョニーがきたなら伝えてよ　二次会庄《しょう》やだと〜」

若手芸人の打ち上げか。ジョニーという名の手品師はきっと遅れてくるのだろう。お店の人への伝言である。確かこの駄洒落《だじゃれ》フレーズ、若き日の爆笑問題が『ボキャブラ天国』の中で言ったものである。「うまい」と私は膝《ひざ》を叩《たた》いた。

私が作ったものでは「北野〜、墓場通りには〜」や「案ずるより小野ヤスシ」「ハナより谷啓《たにけい》」「ビートきよしこの夜」「とんねるずのビシバシ貴明《たかあき》」などがあるが……。

いまこれを書いている内にひらめいた。訳の分からない事をとんちんかん（頓珍漢）と言うが、芸界的には「左とん平」「野末陳平」「間寛平」、この三人を並べて、略して〝とんちんかん〟ではないのか。ニュアンス的にはドンピシャ。

【文庫追記】〽与作は木を切る　トンチンカン〳〵……カラオケでこう歌ってる若者が居た。

「ペンネーム、けざわひがしの子……」（松本明子）

1989年、『高田文夫のラジオビバリー昼ズ』スタート当時、松本明子の漢字力はこんなものだった。勿論《もちろん》、これは「毛沢東」である。

この松本明子や松村邦洋《くにひろ》と私とのラジオでの絡《から》みが面白いということで始まったのが日本テレビの『進め！電波少年』。足りない知恵をお互いで補い合って突撃する姿に、日本中が惜しみない拍手を……大して送らなかった。

PLO（パレスチナ解放機構）のアラファト議長に、紛争地帯の現地でアポなし面会。松本明子はデュエットを申し込んだ。ムチャクチャな話である。

日本テレビが用意したシャレは『てんとう虫のサンバ』で、「♪アラファト、、、、私が 夢の国」というものである。あやうくチェリッシュに飛び火するところだった。

松村も世界中で命を張っていた。

砂漠の中で死にそうになったり、ジャングルでゴリラに遭遇したり。中でも私が個人的に面白かったのは人間国宝になったばかりの、目白の柳家小さん師匠（五代目）の家へ行き、国宝を磨かせてください、というもの。

ピンポーン、チャイムを押したら本物が出て来てボソッと、

「ちょっと待ってろ」

奥へハンコを取りに行った。松村など知らず、当然、宅配便かなんかだと思ったのだろう。最後は何だか分からず松村に手拭《てぬぐ》いで頭を磨かれていたが……。

いま思えばあれは奇跡のショットである。

【追伸】ここだけの話だが、日本人としては知っておいた方がいいと思うので書いておく。小さんの弟子があの談志。その弟子が志《し》の輔《すけ》、談春、志らくなのである。芸の上では志の輔のお爺《じい》ちゃんが小さんなのだ。

【文庫追記】志の輔が『ねことおじいちゃん』主演、談春が『あいあい傘』に『下町ロケット』。そのあいだに志らくは帯でコメンテイターという効率のよい稼

ぎ方。10年位前か、私のプロデュースでこの3人の会を2回やった事があって大反響。3人を集められるのは業界で私だけとおだてられ。そろそろ一回やるか。

演芸記者やら演芸の業界人から「よくあの3人を高田さんは集められますねぇ」と言われる。皆さんが予想している以上にあの3人は仲が悪いのだ。入門して40年近くになるというのに志の輔と志らくなど口をきいたのはトータルにして3分30秒くらい。それでもこの私がひと声かければ集まる――ひとえに私の人柄だと思う、アハハ。

「北か朝鮮、待ってたホイ！」

（爆笑問題・太田光《おおたひかり》、立川志《し》の輔《すけ》）

立川談志師匠が『大笑点』（2002年竹書房）という本を作った時、大喜利のように皆に問題を出した。素人《しろうと》もプロも関係なくだ。その中の出題1が「『北朝鮮へどうぞ』のキャッチフレーズを考えろ」というものだった。

一般からの投稿にもいいのがあって、

「どうせなら、拉致《らち》される前に行こう！」

やら、

「行けばわかるさ」

「地獄の沙汰《さた》も金《キム》次第」

なんてものまで様々。家元から褒められた私の回答が、

「矢でもテポドンでも持ってこいスミダ」

最後に〝スミダ〟が付いているのがいいと喜んでもらえた。「隅田はスミダ」である。

その私の答えよりウケていたのがこれ。ネタもかぶって志の輔と太田が同じ答えの「北か朝鮮、待ってたホイ！」。お見事！

これの元は分かるよネ？　近頃はシャレも説明しなくちゃ分からない時代になってきた。「来たか長《ちょう》さん、待ってたホイ」である。

ちなみに『笑っていいとも！』の初期の頃やっていたのが「来たかチョーさん待ってたドン！」である。長嶋《ながしま》茂雄と川上哲治《てつはる》のそっくりさん二人が出演していたコーナー。プリティ長嶋とドン川上。千葉と札幌で偽者《にせもの》としてそれぞれの人生を歩んでいる。今でもドンちゃんは時々東京へ用事があって出てくると、ついでに私の所をのぞいてゆく。相変らず変人。わざとバレバレのカツラをかぶっていたりする。もうすぐ60という歳《とし》なのにこれも独身。変態である。

【文庫追記】学生時代の落語仲間が、日大のドン、駒沢《こまざわ》の竹丸、東海大の昇太である。

「小《こ》遊《ゆう》三《ざ》さんとオレ、ペンフレンドだから」（でんでん）

『お笑いスター誕生!!』から出て、今やもの凄《すご》いバイプレイヤー（脇役《わきやく》）となったでんでん。趣味は卓球だと言うので、「オレも上手《うま》いよ。世田谷代表」と言うとでんでん、「オレ、小遊三さんなんかとクラブやってんのよ。持ち方なに高田さんは？　シェイク？　あ〜小遊三さんとオレ、ペンフレンドだから」

それを言うなら〝ペンホルダー〟。熱帯魚もいいが、でんでんはやっぱり卓球〝のようなもの〟だろう。

一応、記しておくと35年前の森田芳光《よしみつ》監督デビュー作『の・ようなもの』に出ていて、2016年1月公開の『の・ようなもの　のようなもの』にも、兄《あに》さんの尾藤《びとう》イサオらと共に一門の噺家《はなしか》として出ている。達者でスマートな兄さんは私がモデルで、下手くそな伊藤克信《いとうかつのぶ》が森田自身である。森田にとって、若き日の私は憧れそのものだったのだ、アハハ。

【文庫追記】森田芳光夫人で映画のプロデューサーでもある三沢和子から連絡があり「七回忌の時、爆笑スピーチありがとネ。また先輩にお願いと朗報。18年の11月と12月、池袋の新文芸坐《しんぶんげいざ》で森田芳光の全作品上映というのをやるの。全作品ごとにライムスターの宇多丸と私がトークして解説するのよ。宣伝しといて」だとさ。でもこうして力強い人が作品を守り、語りついでゆくというのはいいことだ。

その後何回か足を運んだが、宇多丸の〝森田愛〟がすごくてびっくりした。感動、感謝。

「AMラジオって午前中だけ聞こえるラジオじゃないの⁉　えっ？　PMラジオってのは無いの？」（となりの無知）

　AMラジオが午前中だけで終わったら、私の『ラジオビバリー昼ズ』は12時で終わっちゃう。11時30分から13時までですから、毎日。2015年の12月からはFM化もして、FM93・0でもニッポン放送が鮮明に聞こえるようになった。実は今、ラジオが最も新しい。本当か。本当であって欲しい。

　若き日は私もテレビで荒稼ぎさせてもらったが、今はしっとり落ち着いてメディアはラジオと雑誌等の活字文化である。インターネットの時代にラジオと活字ってのもある意味、置いていかれ過ぎて渋くてカッコいい。稼げないけどネ……。

「ぎよよ」？「やぶし」？（駅長会議にて）

ＪＲ山手線の駅長会議が開かれた。２０２０年には五輪も来るし、色々と表示もややこしい。今日の議題は「駅名を右から書くか、左から書くか？」。「ぎよよ」になっちゃうだの、「やぶし」と読まれちゃうだの、喧々囂々《けんけんごうごう》。そんな中、ひとり寝ている駅長が居る。

「おい、起きろ、起きろ！　お前はどこの駅長だ？」

「たばた」

☆

ＪＲといえば、こんなのもあった。
「よかったよ、Ｅ電にならなくて」（ＪＲのひとり言）
もう誰もＥ電になりそうだったなんて覚えていない。

渋谷センター街のひとり言もあって、

「危なくバスケ通りってつけられるところだったよ」

ついているんだろうが、呼ぶ人はいない。

都営地下鉄大江戸線だって「ゆめもぐら」になりそうだったところを石原慎太郎が反対してくれたんだ。

たけし軍団で誰も付けたがらない芸名が「やくみつゆ」。そりゃそうだ。


【文庫追記】誰も思い出さないし、思い出そうともしないが、たしか〝世界のキタノ〟が凱旋《がいせん》した時、浅草演芸ホールなど経営する浅草の首領・松倉会長が「これからあの国際通りをビート通りと名付けます」と盛りあがったが、1年たち2年たち、もう誰もが〝ビート通り〟のことは忘れていた。今では当人もそんな事があったことさえ忘れてる。

「吉田《よしだ》には羊《よう》があるけど、高田には用がない」（春風亭昇太）

2016年、芸界に戦慄《せんりつ》が走った恩知らず発言である。『笑点』の司会になるわ、大河ドラマでは今川義元《よしもと》を白塗りでメガネ無しで演じ誰だか分からないわ、関東の芸人からは「義元（吉本《よしもと》）芸人」と呼ばれるわで大わらわの昇太。それもこれも、二つ目の駆け出しだった30年前から私が引っ張り、世に出したというのに……。クゥ〜静岡の人間の恩知らず！

私が何人、お見合いをさせ、デートのセッティングをしたのか。それがひと言もなしに世田谷に豪邸を建て（昔、私が育った所の近く）、それをテレビで見て私が知るというこの無礼千万。人としてあるまじき行為の数々。私を家に招待するどころか、なんと今をときめく女優、吉田羊《よう》を新築の家に入れ、2階のキッチンカウンターに座らせ、ニヤけてトーク。

後日、これを知って私が文句を言うと放った一言が「吉田には羊があるけど、高田には用がない」。

【追伸】テレビを見たら今度はドラマで『小さな巨人』なんてのにも出ていた。それを言うならお前は「小さな小人だろ」っつーの！　アハハそのままか？

その昔私が見たコントでは「白雪姫と七輪の小人」というのがあったけどネ。アチチ小人焼けちゃう。

「じゅんでーす」「長作でーす」「三波春夫《はるお》でございます」(レッツゴー三匹)

これほど、強烈なつかみの自己紹介はないだろう。勿論《もちろん》、三波先生がトリオ漫才をするわけではなく、リーダーの正児の決め台詞《ぜりふ》である。この後、両サイドからパチンとやられるお約束。東京では、てんぷくトリオ、トリオ・スカイライン、トリオ・ザ・パンチらがブームの頃、西のトリオとして、漫画トリオ、かしまし娘と共に大いに全国的に売れた三人組である。

昔からの「はやり言葉」、これを今では「ギャグ」という間違った使われ方をしている。言葉は生き物であるから気にしないようにしているのだが……。たしか1970年代前半、大阪の演芸人が自分のはやり言葉に対して「これ私のギャグでんねん」みたいな言い方をしてからだと思うのだが、そのギャグをいくつかまとめて書こうと思い、あれこれ調べてみたところ、やっぱりあいさつ代わりの自己紹介ギャグでは「三波春夫でございます！」に一番のパンチ力があった。

2000年代に入ると、雨上がり決死隊の宮迫博之《みやさこひろゆき》が、自分の手の平でほっぺをはたいてカメラに向かい「宮迫です」とやった。翌年はそれに近いポーズで「三瓶《さんぺい》です」という小太りの若者が出現した。東京に同じ音の「三平」が居るのに吉本は不思議だなぁと思った。その翌年（2002年）には麒麟《きりん》の川島明がスタンドマイクに口を近づけ低音で「麒麟です」と自己紹介した。

そして2000年代の決定版、貧相で悲惨な想《おも》い出《で》に覆《おお》われた元ホストの必殺の一言、「ヒロシです」。これには笑わされた。一発屋に思われがちだが、どっこいしたたかに今もキッチリ仕事をしている。2016年「ペッペッペッ」と言うトレンディエンジェルの斎藤司《つかさ》がジャケットを広げて「サイトウさんだぞ」。彼の場合、ハゲ方にうま味がある。あの若さで（多分30歳くらい）二人ともハゲているというのが奇跡に近い。ハゲとジャケットと案外男前が功を奏して「斎藤」という平凡な名前が独特なものに聞こえてくるから不思議だ。自己紹介がうまくいった好例だろう。

「視力がいいのに、未来が見えません」（ヒロシ）

御存知、ヒロシです。こんなのもある。

「愚痴を言うのをやめたら、話すことがなくなりました」

「鳩《はと》がどいてくれません！」

「自分の寿命が分かるゲームをやってみました。2年前に死んでいました」

「1日過ごして、万歩計が27歩です」

「ヒロシです。〝滑舌〟と言うのを噛《か》みました」

「なくした朝食券が、昼に出てきました」

「テレビ局で会う人から二度見されました」

「ヒロシです。告白していないのに、フラれました」

☆

ヒロシ、中野坂上にスナック風の小さなお店を出して2年。私も何度か行ったのですがお客はいつもゼロでした。話すこともないので「いつも1時間で出てきちゃいます。フミオです」。

「芸能の神様のお守りを五つ持っています……ご覧の通りです……ヒロシです。ヒロシです。ヒロシです」


【文庫追記】今はヒロシ、〝ひとりキャンプ〟でまたまたブレイク。壁にぶつかってはうまい事みつけてまた仕事にしていく。生き方が案外リコウなのかもしれない。

18年、「芸歴50周年」で対談した月亭八方が座右の銘として教えてくれた。

「壁は乗りこえるな。迂回《うかい》せよ」

回ってみると何かしら助けられたりするらしい。

「忍者になるので、落語家やめます」（林家ひろ木）

『笑点』でずっとおバカさんなのが、我らが林家木久扇《きくおう》師匠。息子の二代目木久蔵も、見事に与太郎のＤＮＡを受け継いでいるが、弟子も凄《すご》い。用もないのに私の所に顔を出すのが林家ひろ木。２０１７年春には真打ちに昇進した。早大を卒業して入門するまで師匠の木久扇と文通していたというから不思議。

真打ち昇進までの15年の間に3回、脱走した。落語のこともよく分からないので、それまで散々御馳走《ごちそう》になった分としてそっと１００万円を師匠の机に置いて逃亡。ボクシングジムに通ったが汗臭いので戻ってきた。師匠は「お金を置いていくようないい子だから」と許してくれた。

その1年後、今度は50万円を置いて逃亡。映画監督になろうとしたが、師匠から監督なら噺家《はなしか》やりながらでもできるよと言われ断念。３回目は真剣に忍者になろうと思って申し出た。

「忍者になるので、落語家やめます」

言われた師匠、驚くこともなく、

「あっそう。で、伊賀《いが》と甲賀、どっち?」

「そこまでは考えていません」

「それじゃなれないよ」

と引き留められた。

☆

赤塚不二夫《ふじお》の言葉に「バカは正論を言う」というのがある。けだし名言。

【文庫追記】広沢虎造《とらぞう》で戦後大ヒットした浪曲の名文句。

「バカは死ななきゃなおらない」、森の石松のことである。

今はこう言うらしい。

「墓は死ななきゃ入れない」

「江戸は八百八町なの？　数えた？」（となりの客）

不思議そうに聞いていた。江戸の町数の多いことをいう八百八町なのに……。

「大江戸八百・野鳥じゃないの？」野鳥の種類ではない。しばし聴き耳を立てて呑《の》んでいたら、「吉田いただろ？　あいつ町内でも名札《なふだ》付きのワルでさぁ」。名札が付いていたら真面目《まじめ》なんじゃないのか。それを言うなら「札付きのワル」。

「鈴木、お前ってヤツを見失ったぜ」（見損なえ！）

「アルプス一万尺　子山羊《こやぎ》の上で　アルペン踊りを　さあ踊りましょ」子山羊、小さい。可哀《かわい》そう。小槍《こやり》の上にしてあげて。小槍ってのは槍ヶ岳（長野・岐阜両県境にある北アルプス第2位の高峰。その頂上が槍のように直立している）。

電話している声。「それじゃ、5時に新宿の見せパン会館の所で」（そんな会館は嫌だ。伊勢丹《いせたん》会館である）。


【文庫追記】となりでバカな昇太の弟子達が話してる。

「師匠もお城とか好きだよな。お前はなに時代が好きなの」

「オレは戦国時代だな」「オレは江戸時代」「おい新入り、お前なに時代が好きなの」「えーと高校時代」

「ここらへんでドロンさせて頂きます」

（去り際《ぎわ》の言葉）

忍者みたいな手つきをして、気を遣ってこう言うのは60代以上だろう。50代だったらきっとお別れは「バイナラ」。バイアグラではない。バイナラである。「バイバイ」と「さよなら」の合わせ技であろう。『欽《きん》どこ』で斉藤清六が使用した。

ああ見えて清六は私と同じ年。昭和23年生まれ。ああ見えて清六は米屋の息子（割とよく知られている）。昔はよくプラッシーをもらった。

あの頃はやったのは『ビートたけしのオールナイトニッポン』で午前3時前に叫ぶ「バイビ〜」。

これは当時、さかんにテレビでアン・ルイスが使っていたものを、面白いから私が番組の進行表に「バイビ〜」とメモっておいたところ、たけしがそれを読んで叫んでしまった。以来、慣用語に。

40代だったら「バイちゃ！」か。アラレちゃんが使っていたっけ。うちの息子達の時代だ。30代だったら「バイバイキーン！」。ばいきんまんの決め台詞《ぜりふ》だ。そして淀川長治《よどがわながはる》先生だったら「さよなら、さよなら、さよなら」。

「日曜日、『サザエさん』のあとだから『フルタチさん』なんです」（古舘伊知郎《ふるたちいちろう》）

12年もの間、報道という名のムショ暮らしを終え、バラエティに帰ってきた古舘。日曜日のフジテレビは『サザエさん』で『フルタチさん』。10時からの宮根誠司が『Mr.サンデー』なのか？　それにしても古舘番組、深夜のは『トーキングフルーツ』これだって昔、古舘がライブでやっていた『トーキングブルース』の駄ジャレである。まったく新しいものをスタッフは誰も考えつかないのだろうか。なんだか宝の持ち腐れのような気がする。誰だ？　高田の持ち腐れなんてシャレを言ってるのは。

【文庫追記】先日終った連続ドラマで『猫となんとか神楽坂《かぐらざか》』。友人曰《いわ》く「イッセー尾形が出るっていうんで見たけど、あれじゃ〝イッセー尾形の無駄使い〟!!」

「へぇ、ヒョウもヒョウ柄なんだね」（となりの馬鹿《ばか》）

やっぱりヒョウもヒョウ柄なんだと思うよ。先日発表された通販会社の調査結果で、最もヒョウ柄を着る都道府県は、当然、大阪のおばちゃんだろうと思っていたら全国で2位。1位はなんと埼玉県だった。意外や意外。

私に言わせれば「ヒョウはヒョウ柄、スープは鶏《とり》ガラ、人は人柄」。これに続く言葉も考えた。「子分は手柄で思わず手を出す商売柄」。おまけに「池袋演芸場はガラガラ」ってのはどう？　まずかった？

「しかし俺っておもしれ〜な」

（ビートたけし）

弟子のアル北郷《きたごう》が『たけし金言集』（徳間書店）なる本を出したときに殿が書いた推薦の帯。この本には珍言がいろいろ。夜、いきなり北郷のところに電話が入り「おい、テレビつけてっか。今、NHKに出てるやつ。カツラだぞ。名前、メモっとけな。しかし、カツラはいいな！」。

☆

ニューヨーク近代美術館でピカソの絵を見て。「生で見ると、案外迫力ねーなー」。ベネチア国際映画祭でチラリ、ブラッド・ピットを見て。「あいつケンカ弱そうだな」。極めつきはこれ。たけしが呑《の》んでいて、北郷を友人に紹介する時、「こいつは北郷っていって、母ちゃんが所沢でスナックやってんだけど、今も元気にスナックの2階で客取ってんだ」

天然なところもあるたけし。マネジャーが、楽屋にいたたけしに「ユンソナさんがご挨拶《あいさつ》したいと……」。

☆

「おう。それにしても、なんで運送屋さんがわざわざオイラに挨拶すんだ？」と
ブツブツ。そこへ入ってきたユンソナ。挨拶がすんで出て行ったのを見届け、
「最近の運送屋さんは若い娘が多いんだなぁ」

「理想の形は腹上死」（大学時代の友人T）

新宿で一杯やって無駄話。Tがいきなり「理想の形は腹上死」と言い出したので思わず「うん」。そしてすぐにTが指さし「歩く形は円丈師」と言ったので見ると表を三遊亭円丈が歩いていた。新宿末廣亭《すえひろてい》の帰りなのだろう。悔しいので私も返して「私はすでに勘定し」と決めてやった。ただそれだけの話。それにしてもなんであの時、円丈師はタイミングよく歩いていたのだろう。

☆

もし、円丈師が居なければ、今日の昇太も柳家喬太郎《きょうたろう》も三遊亭白鳥もいない。新作（創作）落語の神である。そのくせ『御乱心』なんて快著も書いているし。「カ・カ・カ・カ・カケフさん」なんて伝説のCMも残している。老い（ボケ）と闘うドキュメンタリーも数年前にやっていたが、あれは見せない方がいい。

【文庫追記】２０１８年夏、浅草で歩く円丈師をみつけた。

「ごぶさたしてます」

「クーラーこわれてんのかなぁ。演芸ホール寒すぎて……オレがうけてないから冷えきってたのかなぁ。じゃあまた」

　行っちゃった。とにかく不思議な人である。孤高の噺家《はなしか》である。団塊世代は人数も多いのでよくつるむが円丈師、昭和19年生まれは世情もそうなのだろうが一匹狼《おおかみ》が多い。円丈、横山やすし、杉良太郎ｅｔｃ。終戦の年、昭和20年に生まれた有名人は私、タモリしか知らない。終戦のさなかに生まれるとは……やはり変っている。あのサングラスは進駐軍の忘れがたみなのだろう。

「ミヤフジ・カンクロウに似てるって言われない？」

（宮藤《くどう》官九郎）

先日ふらっと立ち寄った銭湯で、クドカンが番台のお姉さんからかけられた、ほのぼの一言。２０１９年の大河ドラマを書く事になり、２０２０年の五輪を盛り上げるドラマにする為《ため》、もう大変。１９６４年の東京オリンピックまでの近代史になるようだ。17年と18年は資料集めやら執筆やら、もう外へは出られない状態だろう。元号が変わったらオンエアなので少しは楽になれるはず。

『あまちゃん』の時、あれほど作者として顔も露出したのに……ミヤフジ・カンクロウである。私もその昔、景山民夫《かげやまたみお》が死んですぐの頃、町を歩いているとよく声をかけられた。「あれ、死んでなかった？」「景山さんでしょ？」「熱かったんじゃないんですか、最期《さいご》？」。同じ職業という事もあって、よく間違われた。

「アフロでも、かどは痛いんじゃ」(受験生の暗記法)

受験生たちがG8(主要8カ国)のメンバー国をこう覚えるそうだ。米・仏・露・加・独・伊・英・日である。最初の「アフロ」はアメリカ・フランス、ロシア、「かど」はカナダ、ドイツだと分かるにしても「痛いんじゃ」はどうやら「痛」はイタリア(伊)、「いん」はイングランド(英)、「じゃ」はジャパンであるらしい。朝日新聞の朝刊一面に毎日小さく載っている「折々のことば」の2017年1月9日に書いてあった。

私は中学生の頃、偉大なる音楽家の生誕順の覚え方というのを発明した。「婆《ばあ》ちゃん　屁《へ》が出る　ハイ持つ　ベチャ」やなフレーズである。「婆ちゃん」バッハ、「屁が出る」ヘンデル、「ハイ」ハイドン、「持つ」モーツァルト、「ベチャ」ベートーベン。

どうです？　凄《すご》いでしょ。が、誰も覚えてくれなかった。使ってくれなかった。

【追伸】記憶力という点ではぶっちぎりで伊東《いとう》四朗である。円周率をズーッと言えるのだ。以前、生放送でやっていてびっくりした。お芝居でも台詞《せりふ》をすべて頭に入れて稽古場《けいこば》へやってくる。台本を持っている姿を見た人は芸能界でも誰一人いない。伊東四朗の本名は〝伊藤輝男《いとうてるお》〟。この名、テリー伊藤の本名（伊藤輝夫《てるお》）と一字違い。

【文庫追記】パワハラ、セクハラの時代。今はおとなしくテレビに出ているが、昔のテリーだったら毎日が大事件だ。なぐる、けとばす、あばれる。〝テリハラ〟とでも呼ばれていたかもしれない。

「コウケイムトウ」（三遊亭白鳥）

もしかしたら〝落語の神様〟圓朝《えんちょう》になるかもしれない〝創作の鬼鳥〟でもある白鳥。古典でぶっちぎりの人気を誇る〝若き達人・柳家三三《さんざ》〟。白鳥が三三をつかまえ言った。

「古典もいいけどさ、オレが作った名作から〝砂漠のバー止まり木〟とか〝腹ぺコ奇譚《きたん》〟とか、なにしろコウケイムトウなヤツを何かやってよ」

三三、我が耳を疑って「コウケイムトウ？　それってもしかして荒唐無稽《こうとうむけい》でしょ」。白鳥「あれれ？　昔から三遊亭じゃコウケイムトウって言うよ」。三三「言わねえよ、どこだって。珈琲《コーヒー》の無糖はあるけど、コウケイのムトウはないの！」。

うまい、みごとなもんだ。神奈月《かんなづき》がやるムトウはあるけど（老婆心《ろうばしん》ながら武藤敬司《けいいじ》です）、コウケイのムトウはたしかにない。

「この店の田楽は、圓楽《えんらく》よりうまい」（立川談志）

おでん屋に入った談志。壁に盟友・圓楽（先代）の色紙。すかさず談志、店主に色紙を持ってこさせてこう書いた。

「この店の田楽は、圓楽よりうまい」

書き上げて「大将、これ圓楽の色紙の横に飾っとけや」。今でも二枚が飾られているとか。談志は「ガハハ」と笑う圓楽が大好きだった。ホラ吹きだから好きだった。

☆

談志の名言・笑言はたくさんある。

「努力とはバカに与えた夢である」

「酒や煙草《たばこ》を止める奴《やつ》は、意志が弱い」

「小言は己の不快感の解消だ」

「馬鹿《ばか》とは、状況判断のできない奴」

「上品とは、欲望に対する動作のスローモーな奴のことを言う」

「学問とは、貧乏人の暇つぶし」

「アメリカ人は信用できない」

最後のフレーズなぞ、まるでトランプ大統領の誕生を予知していたかのような一言である。談志が生きていたら、トランプをどう言うか聞いてみたかった。トランプもそうだが、あの人を選んでしまったアメリカ人のレベルの低さを憂《うれ》えたと思う。

☆

談志は呑《の》んで言った。

「質と量を伴う者を天才と言う」

そして続けた。

「オレが知っている限り、両方を持っていたのがダ・ヴィンチと手塚治虫《おさむ》」

「あれっ、師匠は違うんですか？」

「量はともかく、オレは質の悪いものを提供することがある」

「〝ホラッチョ川上〟と呼ばれていた」（ショーンK）

ものすごい量でスキャンダルニュースが流れた2016年。「文春砲」という言葉までブームに。ベッキー騒動からショーンK、清原&ASKA（今日かASKAと騒がれた）。

中でもショーンKのホラッチョは『ビートたけしのオールナイトニッポン』スタート時の大ヒットフレーズ。やたら「ホラッチョ、ホラッチョ！」とたけしも私もウケまくっていた。その頃、ラジオを聞いていた少年が、ショーンKに、ホラ吹きだから「ホラッチョ」とあだ名をつけたのだろう。「ホラッチョ宮崎」という、名前だけは爆笑の芸人さん。後日スタジオに現れたが、その芸は名前ほど面白くなかった。ショーンKの衝撃で〝KK世代〟の影が薄くなった。KK世代とは玉袋、松村、伊集院光《いじゅういんひかる》である。

2016年の迷言といえば舛添要一前都知事《ますぞえ》。「第三者の厳しい目」やら「精査」やら「たまたま湯河原のお風呂《ふろ》は広いですから、足を伸ばせるのです」。中国服購入の理由も凄《すご》かった。「書道のさいに着用すると筆がスムースになるんです」。

☆

小池さんの登場にすっかり影も髪もうすくなった舛添要一。それにしてもセコすぎる都知事だったなァ。若旦那《わかだんな》・青島幸男《ゆきお》に比べ品性が卑《いや》し過ぎた。ちなみに正月に家族連れで会議をしたという「ホテル三日月」のCMソングは私の友人、佐瀬寿一《じゅいち》（『およげ！たいやきくん』）の作曲。あのニュースの時、ラジオのゲストに呼んでCMソングをフルコーラスで流したらリスナーはびっくりしていた。資料的意味も込めてここに記しておきます。

「空と海のホテル三日月」　作詞　伊藤アキラ　作曲　佐瀬寿一

一、どこから空がはじまって

どこから海なのか
考えながら海を見ている
空と海の境目には何があるのだろうな
人魚のような魚がいるかな
ホテルの窓から丸い地球が見えるよ
ゆったりたっぷりのんびり
旅ゆけば勝浦ホテル三日月

二、魚はどこから来たのかな
星からくるのかな
だからキラキラ光るのかしら
それとも魚が飛び出して星に変わるのかな
どうでもいいけどちょっぴり気になる
魚が今夜も星と話をしてるよ
ゆったりたっぷりのんびり

旅ゆけば小湊《こみなと》ホテル三日月
ホテルの窓から丸い地球が見えるよ
ゆったりたっぷりのんびり
旅ゆけば三日月ホテル三日月

☆

このＣＭソングの歌詞を全部知ってしまっただけでも私のこの本を買った意味、価値があるってもんです。

「すいません、ＣＩＡはどこですか?」

（三宅裕司《みやけゆうじ》夫人）

おなじみ爆笑、三宅裕司夫人。知り合いが集中治療室（ＩＣＵ）に入った。あわてて病院の受け付けで「すいません、ＣＩＡはどこですか?」。聞かれた方も少し考えて「うーん、アメリカじゃないんですか」。

☆

「私、午後から〝ゴルフのめった打ち〟に行ってくるから」

それを言うなら〝ゴルフの打ちっぱなし〟である。

「落合博満《ひろみつ》がプロ野球選手で初めて年俸1億円になった時、漫才ブームで稼いだB&Bの洋七の年収は10億円だった」

（芸能界笑芸伝説）

洋七本人がテレビで言っていたので、たぶん、この話はホラだと思うが、それぐらいの勢いがある人気だった。「漫才ブーム」そして「佐賀のがばいばあちゃんブーム」と、二つの大きな山をこさえた。もう一山いくか？　メチャメチャ陰気やで〜ッ。

先代の圓楽《えんらく》師と似たようなエピソード。ホラ吹きは同じことを言う例え。

車の中からスクランブル交差点を眺めながらしみじみ。

「漫才ブームの時、たいがいの女とはやったけど、こうして見ると世の中にはオレがまだやってない女がおるのやなァ」

【文庫追記】昔売れた人がいま発する言葉が面白い。子役時代『あっぱれさんま大先生』で人気だった内山信二クン。レギュラーで出ているMXテレビですっかり分った大人のような事を言っていた。「不幸そうなお女将《かみ》が作る煮込みがうまいんだ」。

アハハ、いいシーンだ。久世《くぜ》ドラマのようだ。死んだ女より、もっと哀《かな》しいのは忘れられた女だということだ。

「あ〜、その歌知ってる。くわえ煙草《たばこ》だろ」

(高校の同級生)

同窓会。みんなが私の体のことを心配してくれたので、サービスで「『私のハートはストップモーション』だよ」と笑わせていたら、世間知らずのO君が首を突っ込んできて「あ〜知ってる知ってる。懐《なつ》かしいね。くわえ煙草だろう」だとさ。それを言うなら桑江知子《ともこ》である。

【文庫追記】同窓会なぞ行くと、もうシラガとハゲがつくだ煮のように居る。「お前老《ふ》けたなぁ。いくつになった?」同い年だよ。

「今の若手はみんな入れてますよ」（瑛太《えいた》）

映画『後妻業の女』で大竹しのぶとベッドシーンを撮ることになった鶴瓶《つるべ》。瑛太に「どないしよ」と相談したところ、瑛太は鶴瓶の耳元に悪魔のささやき。「今の若手の男優たちは、皆、本番で入れちゃってますよ」

それを聞いて真っ赤になった鶴瓶。「アホッ！　相手は大竹しのぶやで!!」。瑛太は年寄りをからかっているのである。

つい入れてしまったら鶴瓶はさんまの弟になってしまう。

☆

若手のテレビ芸人について鶴瓶がしゃべっていた。「我々が出てきた頃なんてテレビタレントなんて居なかったんやから。たけしさんやさんま、オレの上の層が薄いから。その点今の若い連中はオレらを見て芸人になったから追い越し方が分らない。ナイナイの岡村なんて直接オレに『死んでくれ』言いよるで」。

【文庫追記】たしかに「BIG3」と言われだしてからもずいぶん時は経《た》つ。たけし・タモリ・さんま、誰ひとり息切れしないのが凄《すご》い。この3人が1980年代に出てきて天下を獲《と》るその前の70年代。私の定義によればTVには三大座長が居た。萩本欽一《はぎもときんいち》、ドリフターズ（いかりや）、三波伸介《しんすけ》である。各々《おのおの》の冠番組がいっぱいあった。私はドリフに預けられすぐに夜逃げして三波伸介と『スターどっきり㊙報告』『三波伸介の凸凹《でこぼこ》大学校』などを創《つく》り続けた。

「びっくりしたなぁもう!!」

「そのスキャンダルは、博多まで持って行くつもりだ！」（芸能記者）

文春砲が世間をにぎわせたが、書けないネタもあるだろう。できれば博多にばかり持って行かないで墓場まで持って行ってほしい。変な覚え方をしている人は私のまわりにも多い。


〈寿限無《じゅげむ》、寿限無。カイゴ、カイゴ、介護のシューリンガン〉

〈還付金って、カボチャ買う金じゃないの？〉（それを言うならパンプキン）

〈あいつと俺じゃ、月とスッポンポンだよ〉月光の下でスッパダカになるのか。

「大相撲の最後の取り組みは何と言ったっけ？」

「ここ一番！」それを言うなら、むすびの一番！

☆

2017年4月の終り、呑《の》み屋で〝文春砲〟。名物編集長・新谷学《しんたにまなぶ》とバッタリ。週刊文春の車内吊《つ》り広告がきれいにプリントされた「文春砲クリアファイル」をプレゼントされた。

「いま新潮社の本を書いてんだよネ」

「週刊新潮も乙武《おとたけ》みたいな渋いヒットを打ちますからねぇ」

渡された単行本『「週刊文春」編集長の仕事術』（ダイヤモンド社）を読んだら「結局は人に会い人の心を動かす為《ため》フルスイングすることだ」みたいな事が書いてあった。そして談志師匠の名言と共に「週刊文春も人間の業《ごう》の肯定である」とあった。近頃の放送作家なんてネット見てネタをひろって、人とは喋《しゃべ》らない。そんな奴《やつ》らばっかりだ。面白いものができる訳がない。友達もいなきゃ妻もいない。古舘《ふるたち》プロの作家・樋口卓治《ひぐちたくじ》が台詞《せりふ》に書いた。「レギュラー1本取れない奴が、嫁なんか取れるか」。

☆

ここまで入稿。校了日に週刊新潮が『「文春砲」汚《けが》れた銃弾』。どうなる？　あア時間切れ。中吊りーッ。

【文庫追記】この本も新潮社だが、「週刊新潮」の「爆問太田《おおた》、裏口入学」の問題はどうなってるんだろうか。母校のことだし、可愛《かわ》いい後輩のことだし他人《ひと》ごととは思えない話。相方の田中は〝一球入魂〟で表から入ったのだろうか。色んなことを考えてしまう、「いまはもう古希」である（「今はもう秋」なんて歌は知らないか）。

「チャンジャニ？　え〜と？」

（大阪のおばちゃん）

「この人の名前は？」と町行く人にインタビューする深夜番組。〝関ジャニ∞《エイト》〟の村上信五の写真を見せられた大阪のおばちゃん、しばし考えてこう言った。

「チャンジャ……チャンジャニ……え〜と、え〜と？」

チャンジャって焼肉屋で食べるやつとちゃうのン？　この節、テレビ見てても関ジャニが面白くてたまらない。このおばちゃん、「チャンジャニの……え〜と、ムラサメ！」と言った。村上を村雨。よく斬《き》れる刀か？

☆

それにしてもジャニーズ事務所のタレントは、キチンと礼儀正しく才能豊かに育てられていると感心する。初期の頃のテレビタレントなんて、ほとんどが無礼者だった。売れてる歌手なんて怖くて近づけなかった。私が子供のころ、ロカビリーの歌手たちなんてピストル持ってて休み時間に撃ったりしていたとか、地方営業の列車の中でライフル撃っていたりとか——まぁ噂《うわさ》なんで、誰とは書けませんが。

芸能界自体が少し前まではカタギの世界ではなかった。ヤクザとヤクシャ。たった一文字しか違わないのだ。芸能は元々、江戸の昔からヤクザが取り仕切っていたもの。そこへズカズカと映画、ラジオ、テレビとかマスコミが入ってきたのである。我々の仕事はひとの職場を奪って荒らしているのだ——という事を知っておかなければいけない。

【文庫追記】出番を待って舞台袖《そで》に居た横山やすしに若手が「お先に勉強させて頂きます」。

すかさずやすし「コラッボケッ。勉強は出番前にやっとけやドアホ!! 殺すど」。

「いやン、バカ〜ン、人生は入金」（林家木久扇《きくおう》）

地方の落語会では高座のウケ方よりも、ロビーのラーメン、グッズ、本、ナポリタンなどの物販の方が大切。数いる弟子の中でも、出世の評価は落語の出来ではなく物販の成績で判定されていく。ラーメンの売り方が一番うまいのが林家ひろ木。お蔭《かげ》で2017年春、真打ちに昇進した。

蛇足ながら――息子の二代目木久蔵（見事な与太郎。育ちの良さで皆から愛されている）。彼が某大学の入学試験を受け、家中が結果発表でドキドキしている時、電話で合格通知。その言葉が凄《すご》い。

「入金、確認しました」

家中で一門あげて「バンザーーイ」。

「ストライクゾーンは、18歳から灰になるまで」（キャイ〜ン・ウド鈴木）

「60代じゃまだまだ若すぎる」と『アメトーーク！』の〝熟女好き芸人〟で意見を述べたウドちゃん。「それじゃどのあたりの女性がいいの？」「うーん、僕のストライクゾーンは18歳から灰になるまでですよ」と見事な回答。ちなみに大好きなAVは「農家のおばさんシリーズ」らしい。

ウドちゃん、年齢を聞かれると「39歳を行ったり来たり」。40になれば「40歳を行ったり来たり」とアドリブはきかせる。

社会の事を知るために、ちゃんと新聞とか読んでいるのかと、相方の天野君。すかさずウドちゃん「バカにしないでよ。新聞は小学校の時に読み終わったよ！」。

「信濃町《しなのまち》四ツ谷市ケ谷飯田橋《いいだばし》」（駅順俳句）

五七五と駅名が奇跡的に並びました。駅名付けた人だって後年、まさか私に一句詠《よ》まれるとは。このヒントはもちろん、寅《とら》さんで、

「四谷赤坂麴町《こうじまち》　ちゃらちゃら流れる御茶ノ水」

というアレである。このあたりの山の手は私のテリトリーなのだ。麴町に移り住んでもう20年。かつては「麴町の師匠、圓歌《えんか》。麴町の先生、高田」と言われたが、圓歌師もとうとう老後で引っ越してしまった。私の家の横の小道は「番町文人通り」と看板も付いている。酔っ払った友人が「人」の字の上から二を書き足し「夫」としてしまい、「文夫通り」となったこともある。

☆

長いこと麴町の同じマンションに住んでいたかまやつひろし夫妻が先日、立て

続けに亡《な》くなってしまって悲しい。いつも会うと「こんちわ〜」と明るく声をかけてくれ、日常の中に居たかまやつさんなのに……。

かまやつさんの昔の曲のタイトルは何故《なぜ》かみんな繰り返し。『フリフリ』でブレイクしたら『ノー・ノー・ボーイ』『なんとなくなんとなく』『バン・バン・バン』。これらの曲を知ってる人も、もう60歳以上だけだネ。

「欲ばりセット」（二丁目のおねぇ）

どのジャンルにも専門用語というのはあるもので——MXテレビを見ていたら新宿二丁目のおねぇ達が喋《しゃべ》っていた。

様々な整形があるが、おっぱいを大きくするもの、お尻《しり》をでかくするもの、チンポを取ってしまうもの、竿《さお》だけ残すもの。今、一番人気があるのが〝おっぱいを大きくして、チンポもある体〟。上もあり下もあり。これを「欲ばりセット」と言うんだそうな。

「赤信号　みんなで渡れば怖くない」（ツービート）

「1周回って知らない話」などという言い回しが流行《はや》っているが、今の若い女の子達にとっては「ビートたけしってもともと、何？」というのが本音かもしれない。そりゃそうだ。ハッキリ言っちゃえば70歳のお爺《じい》ちゃんだものな。本を書くので調べ物をするため、本棚を探していたら懐《なつ》かしい本が出てきた。『ツービートのわッ毒ガスだ』（KKベストセラーズ）。1980年の大ベストセラーである。どこの家でも一家に一冊はあったといわれる伝説の本である。この本と「赤信号」のフレーズと『オールナイトニッポン』で、ビートたけしは怪物となった。

　人気が出始めの頃は様々な標語を言い放った。今ではコンプライアンスとかいじめの問題（特に山形県いじめ）があって放送等では使用できないが、今読んでも面白いものがあるので2周3周まわってツービートの傑作標語集。とても40年前のものとは思えない。

☆

注意一秒けが一生　クルマに飛び込め元気な子
人はねた　あの快感が　たまらない
無免許運転　一〇年やってりゃうまくなる
眠くなったらクルマをとめて　頭すっきり覚醒剤《かくせいざい》
青信号　横断歩道で遊びましょう
一人一人の協力で　なくそう事故とおばあちゃん
あわてるな　昔はみんな歩いてた
寝る前に　ちゃんと絞めよう親の首
暗い道　バアさんすてるいいチャンス
指紋ふく　心の余裕《ゆとり》が身を守る
性病を　なおして嫁ぐエチケット
ジイさんの　頭でモミ消すタバコの火
グラッときたら火をつけて　バアさんしばってサア逃げよう

火災保険　かけて燃やそう古い家
やればできると　いわれつづけて八〇年
バカ息子　バカな女にバカ生ませ
整形し　やっとなれた並のブス
ひどいブス　たかった銀バエ即死する
ニッコリと　笑った顔がまた不気味
かわいい娘《こ》には旅をさせ　ブスな娘には首吊《っ》らせ
哀れブス　大人のオモチャに処女捧《ささ》げ
厚化粧　二センチ下にある素顔
バアさんが　タンポン買ってミエをはり
バアさんが　名器になろうとヨガ始め
小さな食事で大きなウンコ
貧乏人　フランス料理で腹こわし
幸せは　娘を売って血を売って
サラ金の　カタに置いてく警察手帳

「あいつだけは死んでも許せね〜」

（くりぃむしちゅー・上田晋也《しんや》）

2016年11月、母を亡《な》くした爆笑問題・太田光《おおたひかり》。ひとりっ子だったので父の時と同じように母の時も勿論《もちろん》、喪主。お焼香に訪れる弔問客に対し、喪主席に座って頭を下げお礼。上田の番になったら太田がわざと上田にズーッと変顔。危なく笑いそうになった上田。帰り道、マネジャーに「あいつだけは死んでも許せね〜」。

☆

談志からたけし。そして爆笑問題、浅草キッドへと流れるのが東京の愛嬌《あいきょう》のある毒舌の流れ。

先日数十年ぶりに日芸落研ＯＢ会をやっている江古田の焼き鳥屋をのぞいたら一人の現役4年生が思いつめたような顔で私につめよってくる。きけば全国の大学落語大会でも二度入賞しているようだ。

「お願いです。私、太田さんの弟子になりたいのです」

紹介状を書いてやったっけ。そういえば30年前「談志の所へつれてって下さい」と来たのが今の志らくだった。談志は言った。

「高田がいいってんなら大丈夫だろう。そこいら辺に置いてゆけ」

宅配便じゃないんだから。

【文庫追記】太田は快くOKしてくれて事務所であるタイタンに所属。たしか芸名が「まんじゅう大帝国」。太田は時々私に手紙をくれて、

「どうしましょう? まんじゅう大帝国がまだひと言も面白いことを言いません」

「待ってました！　ちょっぴり！」（林家木久蔵《きくぞう》）

『笑点』木久扇《きくおう》から生前贈与を受けた林家木久蔵。お父さん似のおバカさんキャラ。愛すべき与太郎である。真打ち昇進の時、高座に上がったらこの掛け声が。普通なら「イヨッ、待ってました！　タップリ！」と声がかかる。トリに上がったら客席から「ちょっぴり」のリクエスト。

最近聞いたのでは「待ってました！　しっかり！」ってのがあった。しっかりしろよと客に励まされているのだ。

その昔は出てきた名人を、住んでいる町名で呼ぶのがオツ、粋《いき》とされた。有名なのでは先代の桂《かつら》文楽が出てくると、

「待ってました黒門町」

三遊亭圓生《えんしょう》なら、

「柏木《かしわぎ》！」

志ん生なら、

「日暮里《にっぽり》！」

志ん朝なら、

「矢来町！」

林家正蔵（彦六《ひころく》）なら、

「稲荷町《いなりちょう》！」

という具合だった。

最近では『笑点』の圓楽が出てくると「いよっ、錦糸町《きんしちょう》タップリ」と声がかかってしまう。錦糸町のラブホではちょっぴりにしておけばよかった。

【文庫追記】その後、圓楽のまわりにも色々あり、歌丸師も亡《な》くなり、自分もガンだとかでニュースになった。学生時分からのつきあいになるが、ああ見えて本心はなかなかいい奴《やつ》である。日芸落研名人の先輩（私）の所へ一年後輩の青学落研はよく来ていたのだ。

「今日の銀座の仕事はキャンセルです」

（先代・桂《かつら》文治のマネジャー）

江戸っ子を絵に描いたような小さなお爺《じい》ちゃん。可愛《かわい》かった。昔の人だから英語なんざ分かるはずがない。マネジャーから電話でこう言われ、慌《あわ》てて銀座へ行って「キャンセル」という名のキャバレーを探して回った。「少々ものを伺います。キャンセルはどの辺でしょう？」。

☆

人間国宝・桂米朝《べいちょう》に小沢昭一《しょういち》が電話をしたら、米朝曰《いわ》く。

「もの忘れやらボケに効く、ええ薬が出たらしいわ」

「そりゃ心強い。何て薬です？」

「ああ、忘れたわ」

「名前ですか？　ウナギです」

（銀シャリ・鰻和弘《うなぎかずひろ》）

昭和の漫才師のようにお揃《そろ》いの青いジャケットを着て、ずっと面白いネタを披露しているのが銀シャリ。達者。すこぶる安定感。養殖のボケではなく天然鰻のボケをするのが鰻である。

この苗字《みょうじ》、日本では6〜7人くらいしかおらず、半分以上がこの鰻の家族らしい。ルーツは鹿児島指宿《いぶすき》。ウナギと読めない人もいて、病院の受け付けでは「まむしさ〜ん」と呼ばれることも何度か。それは三太夫《さんだゆう》である。

天然鰻のエピソードも様々聞いている。マネジャーと喫茶店に入り「僕はアイスコーヒー。ホットで」と平然と注文したという。初めて東京ドームに行った時、あまりの大きさに驚いて「めっちゃ広いなこれ。東京ドーム6個分はあるわ」。

「急ぎの時は、電車の先頭に乗る」（ガッツ石松）

本書の第1弾（162頁《ページ》）に記録と資料的な意味合いも込めてガッツ石松篇を載せておいたところ、変に大好評だったので、忘れないうちに〝ガッツ石松〟ネタをいくつか。サインを書くと右松になってしまう。

＊

「プリンセス　プリンセスは略してプリプリ。では、ドリームズ・カム・トゥルーは何？」

「ドリンセス　カムンセス」

＊

貧乏だった子供時代。金持ちの子から分けてもらったバナナの味が忘れられない。その時、大人になったら金を稼いで腹いっぱいバナナを喰おうと決めた。初めてもらったファイトマネーで夢を達成。

「でもなぁ……うまいのは最初の30本までだな」

＊

「世界の三大珍味です。トリュフ、フォアグラ、さぁあと一つは？」

「キャタピラ！」

＊

「トラ・トラ・トラとは、どこを攻撃する時に使われたでしょう？」

「葛飾柴又《かつしかしばまた》！　トラ・トラ・トラって『男はつらいよ』の三本立てだろ」

＊

ボクシングの解説をしていたガッツ。

「おっ、この選手はいいですよ。見てください、体中からオーロラが出ています」

＊

体が資本のガッツ。どんな病気でも「日向《ひなた》ぼっこ」で治療する。

＊

解説のガッツ、アナウンサーに振られ、

「審判は5対5のイーブンです。ガッツさんは?」

「5対5のイーブン?　オレの言い分は5対4」

ザリガニに鼻を挟まれ「ジョウジンじゃない痛さだよ」（出川哲朗）

ダチョウ倶楽部《クラブ》と共にいまだにリアクション芸人の世界では横綱の座を明け渡さない出川。我々だったら尋常ではない痛さも、出川にとってはジョウジンじゃない痛さらしい。ザリガニとの絡《から》みだけは日本一の出川。「ザリガニはテッパンだから。他人には渡したくない」と宣言。

今や東京の伝統芸となった感すらあるリアクション芸。稲川淳二《じゅんじ》、片岡鶴太郎《つるたろう》（おでん）、島崎俊郎《としろう》、たけし軍団と来てのダチョウに出川である。この節、狩野《かの》英孝《えいこう》が摩訶《まか》不思議なリアクションを見せるが、あれはあれで妙に面白い。森三中の大島美幸《みゆき》もいいネ。

ン？　そういえば狩野を最近、テレビで見かけないが何かあったか？

「オレが死んだら熱湯をかけてくれよ」「リアクション芸人がトーク上手《うま》くなったら終わりだよ！　クルリンパッ！」

（上島竜兵《うえしまりゅうへい》）

リアクション界のカガミ。たけしの下に入っても志村けんの下に入ってもキチンと仕事をこなす日本一の子分肌。その肌も最近はパサパサ。テレビでアップになると老いがさすがに目立ってきた。その竜ちゃんがひと言。

「ピラニアは無茶してこないから安心しろ」

餅《もち》は餅屋というが各々《おのおの》の仕事のジャンルで職人ならではの奥義《おうぎ》があるのだろう。

「君の名は。」（真知子巻き）

２０１６年、本当によく客が入った映画。１１００円で入れるシニアなどは、半分は〝岸恵子《けいこ》〟が出てくるもんだと思って入って行った。

その昔♪ヘイッユー　ホワッチュア　ネーム　とブルースを歌ったのは左とん平。ミッキー・カーチスのプロデュースだった。タイトルは『とん平のヘイ・ユウ・ブルース』。

♪あなたのお名前なんてーの？　と拍子木を打ち鳴らしながら聞いてきたのはトニー谷。「さいざんす」である。

団鬼六がＳＭの乱交パーティーで聞かれたのは「君の縄？」。

「最初、秀樹《ひでき》。最後、輝彦《てるひこ》」(御教訓カレンダー)

リハビリでガンバっているのが西城秀樹。『星のフラメンコ』でガンバったのが西郷輝彦。橋・舟木・西郷が「御三家」。郷・野口・西城が「新御三家」。「三人娘」といえば、ひばり・チエミ・いづみ。その次が中尾ミエ・伊東《いとう》ゆかり・園まり。またその次が小柳ルミ子・天地真理・南沙織《みなみさおり》。中三トリオは山口百恵《ももえ》・桜田淳子《じゅんこ》・森昌子《まさこ》。ついでに書くとキャンディーズがラン・スー・ミキ。石川ひとみ・高田みづえ・久保田早紀《くぼたさき》——この3人が分かったら凄《すご》い。日本テレビの『スター誕生!』をパクってフジテレビが始めた『君こそスターだ!』から出た歌手。私も構成で参加していた。1973年スタート。

☆

たしか、舟木一夫《かずお》の曲がどこかの小学校の校歌になりそうだったことがあったはずだが……それにしても嵐《あらし》が吹き荒れた「籠池問題《かごいけ》」。アップになるとしみじみ、ナイツの塙《はなわ》である。

この春〝総理と桜を見る会（新宿御苑《ぎょえん》）〟にナイツも呼ばれていたのだが、あの一件があって急遽《きゅうきょ》「安倍《あべ》さんの所へ来るな」という事になり、次の日スポーツ紙の写真を見ると、安倍夫妻とものまねする松村邦洋《くにひろ》、そして前日ブッキングされたと思われるサンドウィッチマンがにこやかに写っていた。アッキー（昭恵《あきえ》夫人）と塙のツーショットが見たかった。スキャンダラスな絵柄にときめきたかった。

【文庫追記】2018年秀樹が逝《い》った。エンディングテーマも歌った『ちびまるこちゃん』のさくらももこも逝った。そして『寺内貫太郎一家』で秀樹のお婆《ばあ》ちゃんを演じた樹木希林《ききききりん》も逝った。

「金もうけのうまくない秋元康《やすし》」（爆笑問題・太田光《おおたひかり》）

自分のラジオ番組にみうらじゅんがゲストで来たとき、見事にこう言い当てた。言われる通り、みうらはありとあらゆる物に手を出し、ありとあらゆる物を集めるが、お金には結びつかない。〝ゆるキャラ〟だってあれほど市民権を得たのに、彼の元へは何も入らないだろう。物心ついた時から「これからはボブ・ディランだ」と言っていたのに……。「DT」童貞ブームなんて一体、どこへいったんだ。

その代り……と言っては変だが「みうらじゅん賞」というのを毎年選び、与え続けている、ひっそりと。第11回の受賞者はこの私である。

第三章 名言

「どこでもいい！　オレが座った所が上座《かみざ》だ」（立川談志）

談志の落語会が終わって打ち上げの席へ。どこの席に座ってもらおうかオタオタ、ジタバタするスタッフにむかい、こう怒鳴った。

「どこでもいい！　オレが座った所が上座だ」

凄《すご》いでしょ。なかなかこんな台詞《せりふ》出ないよ。そしてニコリ笑って私に、

「高田、お前が座った所がすべて下座《しもざ》だ」

だとさ。

☆

一度だけ、皆の前でギャフンと言わせたことがある。

立川流オールスターのような会。有楽町マリオンのでっかいホール。談志、たけし、私らがズラリ並んだ。何が気に入らないのか、負けず嫌いの談志、みんな

の前で、

「オレはな、たけしなんかよりずっと芸はいいし、色々やってきたし、たけしになんか負けるところは一個もないんだ！」

と豪語するから、すかさず私。

「残念。師匠、まだ一度も捕まってないでしょ。たけしには前科がある」

と言ったらドッカーン！　談志、人一倍悔しがっていた。談志思わず小声で、

「クゥ〜、前科が欲しい」

☆

談志のテーマは、若き日は「伝統を現代に」。これを掲げて選挙に出た。これが「業《ごう》の肯定」となり「イリュージョン」となり、最後の方には「江戸の風」ってな事も言っていた。

私はかつて「電灯を寝室に」と色紙に書いて怒られたことがある。

【文庫追記】墓石にも彫ってある自らつけた戒名が、

『立川雲黒斎《うんこくさい》家元勝手居士《こじ》』

本当に勝手な人だった。

「致命的なヒットがなかったから長持ちできた」（宇多丸）

頭はツルツルだけど『笑点』の方の歌丸ではなくてMXテレビやらTBSラジオでしゃべっているヒップホップの宇多丸である。ラッパーというのかな。

これは名言である。MXテレビで玉袋筋太郎《すじたろう》と呼吸《いき》の合ったところをみせる。このまま致命的な大ヒットが出ないことを祈る。

俗に芸人でもスギちゃんやらラッスンゴレライ、ヒロシなどを「一発屋」と呼ぶが、麒麟《きりん》の田村のように本が220万部もドッカーンと売れるのを「一冊屋」というらしい。8年前の『ホームレス中学生』ですよ。覚えてます？　やっぱり『火花』で又吉《またよし》が出ちゃったから田村のことはもう日本中がさっぱり。それより又吉センセー「一冊屋」に終らず十冊屋百冊屋となる事を願っております。

【文庫追記】そのあとに漫画家が出ちゃって『大家さんと僕』矢部太郎である。大家さん、最後へきてハードワークで死んじゃった。「週刊新潮」で再スタートしまた連載が始った。

「俺は60万の俳優だ」（高倉健）

1959年に結婚した高倉健と江利チエミ。数年して二人の仲はギクシャク。江利チエミの方が当時、格上の俳優だったのだ。

「俺は60万の俳優だ。家に帰ると250万の女房が居る」

と言ったと伝えられる。映画1本の出演料である。当時1本100万円を超えると一枚看板、千両役者ということになる。ちなみにその頃、大学出の初任給は1万5000円くらいだった時代である。いかにチエミがスターであったか……。

そして亡《な》くなってわかる。いかに我々が高倉健を愛していたか。

その昔、子供の好きなものは「巨人、大鵬《たいほう》、玉子焼き」。今の日本人の大人たちが好きなものは「桜、富士山、高倉健、カレーライス」。

この四つを愛する者こそ日本人という。

「おい婆《ばば》ァ　元気そうだな。嬉《うれ》しそうだな。いい事あったか？　爺《じい》さん死んだか？」

（毒蝮三太夫《どくまむしさんだゆう》）


あの立川談志の終生《しゅうせい》の友だった我らが毒蝮三太夫。私の日大芸術学部の誇れる二大先輩は毒蝮とケーシー高峰である。蝮さんは談志・歌丸と同い年。いまだにラジオで喋《しゃべ》ってる。

「こうやって皆で集まれるのは、もうお風呂屋《ふろや》さんくらいか。あとは火葬場か。アハハハハ」

今日も元気に笑っている。

談志生涯の最高傑作が〈毒蝮三太夫の命名〉。

私の最高傑作は〈なべやかんの命名〉だろう。やかんは明治大学の二部（夜間）をねらったのである。

☆

そういえば談志が死んだと聞いて毒蝮、

「よーく、焼いとけよ。また生き返って来られちゃたまンねぇから！」

私にも、

「高田！　お前、日芸にアミダで入ったらしいな。入学試験なんてねぇんだからよ。オレン時は腕ズモウよ！」

そして爆笑問題・太田を見つけ、

「お前、おはじきで入ったって、本当？」

みんなウソです。今は（今も！）ちゃんとした試験があります。

ちなみに毒蝮三太夫のたった一人の弟子で、この度まむしプロダクションの社長に就任したのが〝はぶ三太郎〟である。永六輔《えいろくすけ》の番組ではナイス介護、ナイスフォローな放送を続ける。

【文庫追記】これは2年以上前の原稿。こんにちの裏口入学さわぎを予感させるような……。

２０１８年、離婚にまで至って貴乃花《たかのはな》は散々だったが日大も散々だった。悪質タックルに始まり田中理事長まで——とうとう学生時代の相撲仲間・輪島まで死んじゃった。そして裏口入学さわぎである。

「もっともっと拍手を。ミソ……」（生方恵一《うぶかた》）

都はるみの引退騒ぎで興奮したNHK紅白歌合戦司会者、生方恵一。「ミヤコ・ハルミ」と言うべきところを「ミソラ・ヒバリ」と言いそうになった。非難ゴウゴウ。翌1985年7月、大阪転勤を命じられ、誰が言ったか〝都落ち〟。大阪は〝住めば都〟でもなかったらしく翌月退職。そして2014年12月にひっそりと死去。

庭には〝ミヤコワスレ〟の花が風に揺れていたとは知人の記者。本当か？

☆

悲喜こもごもの紅白も2015年は低視聴率だった。

白組はマッチ（近藤真彦《こんどうまさひこ》）、紅《あか》組は松田聖子《せいこ》がトリ。奇《く》しくも二人は1980年にデビューしている。『ザ・ベストテン』をやっていた黒柳徹子が総合司会ということもあってのパッケージキャスティングだったのだろう。

だったら何故《なぜ》、14年の紅白、郷ひろみの時、バナナマンの日村を出したように、マッチの時、鶴太郎《つるたろう》を「マッチでーす！」と出さなかったのだろう。伝説の「鶴マッチ」復活を願っていた人も多かったはず。

それより森進一のアップが、年間もっとも怖い絵柄だった。

北島三郎につづいて森進一もこれで紅白を卒業。

【追伸】『冬のリヴィエラ』は森進一だが、作者の大瀧詠一《おおたきえいいち》が英語で『夏のリビエラ』を歌っている。ついでに気が付いた事だがマッチには黒柳徹子、そしてトシちゃんには当時『夜のヒットスタジオ』のMCだった芳村真理《よしむらまり》が画柄《えがら》的にもよく合う。芳村は当時『ザ・ベストテン』をやっていた黒柳にライバル心は相当あったのだろう。どこかで徹子と芳村のW司会も見てみたい。

【文庫追記】黒柳徹子の引退時期はマッチが決めることになっているそうだ。

「天声人語より編集手帳」（新聞好き）

読売新聞一面に載っている「編集手帳」が好きだ。

名文家・竹内政明《まさあき》は2015年度日本記者クラブ賞を受賞した。嬉《うれ》しいことに時々私も登場するので本はほとんど買って持っている。『名文どろぼう』（2010年文春新書）を読みだしてびっくり。第1章の一番最初、我々の業界で言うところの〝つかみ〟にいきなり私が出てきたのだ。そのまま載せます。

〈テレビで見る傑作な物まねを楽しんでいたので、タレントの松村邦洋《くにひろ》さんが急性心筋梗塞《こうそく》で倒れたと聞いたときは心配した。幸い深刻なことにはならず、今はまた元気な顔を見せてくれている。

安心したついでに、思い出したダジャレがあった。

命あってのモノマネ――高田文夫
放送作家の高田さんは松村さんの師匠筋にあたる。このダジャレが活字になったのは松村さんが倒れる四年前のことで、現実のほうがダジャレを模倣したらしい。「日本一の子分肌」（高田さんの命名）という異名を裏切らず、師匠の旧作に体を張って光をあてるとは、松村さんほど師匠孝行の弟子はそういない〉

とまぁ、このような書き出しから『名文どろぼう』は始まっているわけです。

ちなみに先年亡《な》くなった春一番（鶴太郎《つるたろう》の弟子。アントニオ猪木《いのき》の物まね専門）にはこう贈ったことがあった。

猪木あってのものまね——高田文夫

存命中、残念なことに春一番は「命あってのものだね」の物種の意味も、元のフレーズをも知らなかった。

【文庫追記】18年10月『爆報！ＴＨＥフライデー』に初めて春一番の妻が出てアントニオ猪木とも再会。はげまされていた。爆笑問題、春一番、松村邦洋は太田プロでのまったくの同期。太田夫人も当時ものまね芸人をやっていて皆な仲が良かった。

「雑魚《ざこ》が群れるのがテレビ」

テレビをつければ群れている。逆に大物の中に小物がまじることは〈雑魚の魚《とと》まじり〉と言うそうだ。10年くらい前か。小朝が志《し》の輔《すけ》、鶴瓶《つるべ》らを誘って「六人の会」を結成。これを見て談志が一言。

「雑魚は群れたがる」

この日、高座に上がった志の輔。開口一番、こう言った。

「え～、雑魚一《ざこいち》でございます」

☆

雑魚六が春風亭昇太。先日新幹線にたい平とお姐《ねえ》ちゃんと乗って大さわぎしてたら、週刊誌にバッチリと叩《たた》かれていた。公《おおやけ》の場では静かにするのが都会人の……いや、大人のマナーというもの。たい平は秩父《ちちぶ》だし昇太は静岡の田舎者だからな……。出てこい東京出身の落語家。

【文庫追記】こんな事書いてたら昇太は今や国民的番組『笑点』の司会者である。歌丸も死んだから今度は「落語芸術協会」の会長かな？　アーいやだ。

☆

永六輔《えいろくすけ》は書いた。「テレビにはありとあらゆる情報がつまっているというけれど、無いものといえば品格と知恵かなぁ」

「テレビに出るのに帽子をかぶっている連中が増えたでしょう。考えてみたら連中にとってスタジオは〝屋外〟なんだよネ。屋外だと思えば礼儀もあんなものだよ」

パーティーでも落語会見るのでも帽子の奴《やつ》がいる。

「冒険とは　生きて還《かえ》ることである」

（冒険家・植村直己《なおみ》）

私も生きて還ったので、相当な冒険家である。生きて還るとは生還である。これを我々、笑芸界では〝生還連絡船〟という。グラッチェ（byケーシー高峰）。ついでに言えば、生還マッサージというのもある。

2012年、私は不整脈から3か月も入院したのであるが、患者仲間が私にポツリと一言。

「あの素晴らしい肺をもう一度」

【文庫追記】患者たちの洒落《しゃれ》。

「安倍《あべ》シンゾー、止めるな」

「頭は大丈夫？　YES　OR　脳」

「〽あなたが患者、小指が痛い」（嚙《か》んだのシャレ）

「高田さんも当分、車椅子《くるまいす》寅次郎《とらじろう》だねぇ」

「ちょっとオレ、点滴しながら車止めてくるわ。これが本当の〝点滴チューシャ〟な〜んつって」

勝新太郎が青島幸男《ゆきお》に言った。「いやな都政だなぁ」

御存知、座頭市の洒落《しゃれ》。青島幸男が今、都知事だったらゴタゴタする五輪を見て、「や〜めた！」と都市博を中止した時のように言っただろう。五輪のエンブレム騒動。あのデザイナーを見て私が一言。

「パクリ多売！」

☆

その昔〝娘盛りをトセイにかけて〜〟と歌ったのは、緋牡丹博徒《ひぼたんばくと》の藤純子《じゅんこ》。美しかったなぁ。『3時のあなた』の司会を遠い昔、やっていたことがあって、殺人事件のニュースを伝えたあと、「御遺族は悲しみのズンドコにいる事でしょう」と泣いた。悲しみはどん底である。

【文庫追記】「さぁＣＭにつづいては『○○殺人事件』のニュースです。お楽しみに」と言っちゃった。

藤純子カメラに向かって訴えた。

「犯人さん出てらっしゃい」。さんを付けちゃった。

「顔はなぐってはいけない。なぐるなら首から下だ。人間にはメンツというものがあるからな」

ケンカ馴《な》れしている人の言葉だ。どんな面《つら》の持ち主だってメンツはある。メンツとは〈面子〉と書く。中国語。マージャンの場合はメンツが揃《そろ》う、と言う。メンスはドイツ語の略で「月経」のこと。

☆

私が芸能界で強いと思うのは、亡《な》くなってしまったが安岡力也《りきや》、そして石倉三郎、大木凡人《ぼんど》である。大木は最強のストリートファイターというが本当か、ガセネタか。古田敦也《あつや》（元ヤクルト）の親戚《しんせき》というのは本当である。古田は嫌がるが。

蛇足ながら盛大だった古田と中井美穂《みほ》の結婚式。主賓挨拶《あいさつ》。まず古田側が野村克也《かつや》。そして中井側の主賓で私が立ったら会場、ドッカーンとバカうけ！

中井は日芸の私の後輩で、色々と一緒に番組をやっていたのである。

【文庫追記】新人アナウンサー時代に『プロ野球ニュース』を担当。この番組ではズラのパンチョ、ドラフトのパンチョが人気者だった。私はあいだに入ってなんとかパンチョ伊東《いとう》と中井をくっつけようと画策したが……ふたりの心はズレズレで駄目だった。私はパンチョになる前の伊東一雄《かずお》と仲良しだった。銀座にあったパ・リーグの広報へヨネスケと行ってはお茶を呑《の》み「メジャーリーグ」のこと、「熱《ねっ》パ」のことなどを語りあったもんだ。生涯独身であった。しっかりした妹さんが仕事の電話を受けたりしてマネジャーのような事をやっていた。甲高いあの声で私の事を「師匠」と呼ぶ。「シッショー、かしこい妹がいて何でもやってもらってオラァ寅《とら》さんと同《お》ンなじだよアハハ」

「あんたの部屋、暗いからＬＳＤに換えたらどう？」

（母のアドバイス）

暗いからってラリってどうする。それを言うならＬＥＤである。心臓を止めたことのある私と松村邦洋《くにひろ》には、ＬＥＤがいつもＡＥＤに聞こえる。気のせいか。

☆

麻薬だの覚醒剤《かくせいざい》だのは問題外。その昔、勝新太郎が家へ帰ってチャイムを押し、〝ヒロポーン〟「あなた、コカインなさい」。

☆

ヒロポンとは疲労がポンと取れるから〝ヒロポン〟と言うらしい。

「ボウフラが　人を刺すよな　蚊になるまでは　泥水《どろみず》飲み飲み　浮き沈み」
（都々逸《どどいつ》）

森繁久彌《もりしげひさや》が好んで口ずさんだという都々逸。若い頃の苦労は買ってでもしろなんて言うけど、今思えばあんな苦労、買いたくもないネ。森繁は戦時中の若き日、満州のＮＨＫに居て慰問で来た志ん生と圓生《えんしょう》の身の回りの世話までしていた。その時に聞いた話芸が後に役立つことになる。

【文庫追記】都々逸の文句ってのはいいのがあって集めている。一番有名なのが高杉晋作《しんさく》が作ったといわれ落語ファンなら誰でも知っている映画『幕末太陽傳《でん》』で石原裕次郎が、

〝三千世界の鴉《からす》を殺し　主《ぬし》と朝寝が　してみたい〟
基本七七七五である。
〝明けの鐘　ゴンと鳴る頃　三日月形の　櫛《くし》が落ちてる　四畳半〟
〝こうしてこうすりゃ　こうなるものと　知りつつこうして　こうなった〟
〝あの人の　どこがよいかと　尋ねる人に　どこが悪いと　問い返す〟

「カメラが回っていたら、食べない、泣かない」

（東京人たるタレントのマナー、ルール）

人の前でモノを喰うというのを恥だと思わなければ。モノを食べている所を見られるのは、ウンチをしているのを見られるのと同じである。

その昔、テレビに出るようになった永六輔《えいろくすけ》、ひとつだけ決めた事は、カメラの前でモノは食べない。ビートたけしもほとんど食べるのを見せない（最近食べだした）。それがたしなみというもの。近頃のグルメなんたらの恥ずかしいこと……。

寅《とら》さんも48作あるが、モノを食べるシーンはほとんど無い。羞恥心《しゅうちしん》のかたまりのような人だった。

そして最近よく見かけるのが、田舎者タレントの「東京散歩」。東京の町を何一つ分かっちゃいない。言っておく。

「たけし抜きに足立区を語り、寅さん抜きで葛飾《かつしか》を語るのは、ハチ公と安藤昇抜きで渋谷を語るようなものだ」

☆

安藤昇も2015年の暮れに亡《な》くなった。

テレビだと語りづらいが、安藤昇率いる安藤組は戦後すぐの渋谷の町を、大学生らを集めて作った愚連隊でヤクザから守った。小学生だった私は伝説の男、花形敬《けい》に野球を教わりノックを受けたものである。

花形敬のノックで鍛えられた我らが〝少年シャークス〟は渋谷の松濤《しょうとう》にあった野球チーム〝ジャニーズ〟と対戦。2戦2敗。このジャニーズの少年野球の選手達が2年後テレビの中で歌い踊る初代ジャニーズ（あおい輝彦《てるひこ》たち）となる。ジャニー喜多川氏は代々木のワシントンハイツに住んでいた。のちのオリンピック選手村。渋谷の町の物語。〝恋文横丁〟の話も奥深いがそれはまた別の機会に。

【文庫追記】渋谷の鳶《とび》の頭《かしら》の娘だった母はいつもハチ公にエサをやっていた。花形敬が居た渋谷。私も森田芳光《よしみつ》も走りまわっていた渋谷。『円山・花町・母の町』が森田。今の安倍《あべ》総理が居る富ヶ谷が私。そして東電ＯＬだ。神泉《しんせん》あたりは切ない。何故《なぜ》かしみじみ。

ちなみに道玄坂にあるストリップ劇場は「道頓堀《どうとんぼり》劇場」。オープンに間に合わせようと大きな看板「道玄坂劇場」を発注したら字面《じづら》が似ているので「道頓堀劇場」と間違って作ってきてしまった。大阪とは何の関係もないのに面倒くさいからそのまま掲げた。

「無愛想が　仕事のひとつ　古本屋」（風眠）

句会などでは発表しない駄句のメモ帳が手許《てもと》にありますので、そっと御披露。俳号は風眠です。ひとには言わないこと。他言無用である。

右脳がね　右往左往の　暑さです
名人と　言われてバカが　ひとり増え
さぁ志ん生　お膝《ひざ》おくりの　夜寒《よさむ》かな
性格は　変わらず生活　変わってく
（池袋にて）北口を　出て寒々の　寄席《よせ》灯り
貧しくて　貧乏ゆすりも　ゆすらない
閉店の　張り紙のむこう　幸不幸

Y字路を　Tバックで行く　X嬢
だまし討ち　誰の筋書き　花舞台
千社札　貼《は》った神社の　柿《かき》ぬすむ
出る杭《くい》と　杉内すぐに　打たれてる
（M－1見て）人生に　敗者復活　ないらしい
定年後　市ヶ谷釣り堀　日向《ひなた》ぼこ
冬将軍　返り討ちする　鍋奉行《なべぶぎょう》
あと二年　キラキラネームの　四股名《しこな》かな
シャチハタの　出番も増えて　十二月
青線の　昔も生きた　ママが居て
生命線　短いはずが　二度も生き
冷酒が　胃の一番に　しみわたり
戦前に　なるやもしれぬ　戦後かな
人類の　最古の仕事さ　春を売る
エルビスの　袖《そで》のフリフリ　縄のれん

「老《ふ》けてる暇ないよ」（2015年9月『SONGS』での矢沢永吉）

66歳にしてまた新しいバンド作ってビッグコンサート。矢沢、「老けてる暇ないよ。生涯ステージ立ち続けるよ。一生オンステージよ」

それを見て67歳の私「その通り」とうなずく。

この日のテレビのゴールデンは凄《すご》かった。フジテレビは『さんまのまんまスペシャル』。さんま（60歳）のところにいきなり登場の黒柳徹子（82歳）。そして松山千春（60歳）。凄い画面だ。若者がひとりもいない。

裏のTBSの『ぴったんこカン・カン』は前川清（67歳）の特番。そしてNHKへ回したら矢沢である。いまのテレビ界は見る側も出る側もほとんど60代以上なのか？

そんな折、文学界ではお笑いのピース又吉直樹《またよしなおき》が芥川《あくたがわ》賞受賞。時代が逆行していって面白い。そこでテレビの「吉」づくしで考えた。

「又吉で有吉《ありよし》・大吉《だいきち》・吉幾三《よしいくぞう》、忘れちゃいけない矢沢の永吉」

又吉・有吉（弘行《ひろいき》）・大吉（博多華丸・大吉）をテレビで見ない日はない。

それよりも気付いたでしょうか？　又吉は名前が直樹（直木）なのだ。直木賞かと思ったら芥川賞。まぁそれだけなのですが……。

☆

２０１６年の正月、テレビを考える討論会のようなＮＨＫの番組で、めずらしくテリー伊藤《いとう》がいいことを言っていた。

「今の30代、40代のディレクターなんて皆バカだよ。今は60代、70代がいちばん面白いんだ。若い頃からずーっと面白い事ばかりやってきた連中だからネ。今一番、尖《とが》って面白いのは樹木希林《ききりん》だよ。あの人を演出できる30代、40代がいるかってんだよ！」


【文庫追記】この発言の2年半後、希林は逝《い》った。最晩年に4本もの映画に出まくった。自分でＦＡＸで仕事をうけ、自分で判断し電話をし、現場へはひとりで車を運転してやって来た。
旦那《だんな》の内田裕也《ゆうや》よりもロックンロールしていた。

「赤裸々ならＯＫです」

（嘉門達夫《かもんたつお》の担当編集者）

嘉門達夫が久しぶりに小説を書きましたと『丘の上の綺羅星《きらぼし》』（幻冬舎）を持ってきた。一作目の『た・か・く・ら』がもの凄《すご》く良かったのだ。あれから数年、また書いて幻冬舎へ持って行ったら担当者が、

「何でもいいですよ。どんなジャンルでも赤裸々ならＯＫです」

とあっさりＯＫ。あそこは赤裸々であればなんだっていいのか。それが見城のやり方か〜ッ⁉

先日、大変面白く見た映画『バクマン。』。あれは少年ジャンプに連載を夢見る男の子達の胸躍るお話。ジャンプのモットー、それは「友情・努力・勝利」だ。その点、幻冬舎は「赤裸々」。たった3文字！

☆

私も2015年、久しぶりに本を出した。『誰も書けなかった「笑芸論」』。大病明けということもあって発売1か月でトントンと5刷までいったが、そこでストップ。そりゃそうだ。講談社だもの。

申し訳ないが私の身近な連中と、講談社はどれだけモメてきたことか。ビートたけしには殴り込まれ、景山民夫《かげやまたみお》には〝幸福の科学〟で押しかけられてと……絶縁だった講談社と西村賢太の仲まで取り持って『小説現代』で連載書かせたり。様々考えればよくぞ出版までしてくれたもの。

本は音羽《おとわ》と矢来町にかぎる。

【追伸】落語も矢来町がよござんしたネ。

志ん朝も新潮も矢来町。おっとーッ、忘れておりました神保町《じんぼうちょう》。この本が出たあとすぐに小学館からも1冊出る予定だった。

週刊ポストの連載もよろしく。新刊は『高田文夫の大衆芸能図鑑』です。こちらもお世話になります。

【文庫追記】18年には『ビートたけしのオールナイトニッポン2018　幸せ元

年』（文藝春秋）もたけし＆高田の連名で出したけど、やっぱし大して売れねえなァ。前澤！　月になんか行かないで出版界をなんとかしてくれ〜。

昔からあるシャレ。

「ゴホンといえば紀伊國屋《きのくにや》」

龍角散《りゅうかくさん》よりも紀伊國屋の田辺茂一氏が喜びそうだ。駄ジャレで有名な社長だった。

「アロハ着たらおへそが出ててさ——アロハにおへそ」

「〝人間〟と書くのだから、人には間《ま》が必要だネ」（高田のお言葉）

笑いなんてなぁ〝間〟ひとつである。

芸とは間であって、魔にも通じるとは昔からよく言われる言葉。落語・噺《はなし》も活《い》き活《い》き楽しくさせるのは、実は言葉ではなくて間。間を与えるとそこに空想が生まれる。

漣健児《さざなみけんじ》がその昔に訳詞し、坂本九が歌って大ヒットした『ステキなタイミング』である。♪この世で一番肝心なのはステキなタイミング〜ッ。子供の頃、みんな歌った。この間の悪いのを〝間抜け〟といってどうにも使い道がない。

亭主の居ないタイミングをねらって、いい間でやってきて、人妻といい事しちゃおう、なんていうのが〈間男〉である。間のいい男なのである。寝取られた元モー娘の矢口真里の元旦那《だんな》は間抜けなのである。漢字をよーく見て欲しい。ヤマイダレの中に矢口と書いて痴女の痴である。漢字はよくできている。

【文庫追記】今はおやじギャグなんて言われ若い人から嫌われているが、駄ジャレは豊かな日本の文化なのである。

スペースもあるようなので自作をいくつか……。

「気になるな　昔ダンサー　いま段差」

「不思議だな　顔出しNG　中出しOK」

「思えば幻覚な父だった」

「故郷から帰る　牛タンラッシュ」

「親分しか居なくて……ドンだけ～」

「水金地火木……土天海綿体」

「私の彼は左とん平」

「コラムは三つのミで書く。ねたみ・そねみ・ひがみ」（野坂昭如《あきゆき》）

かつてこんなテクニックをばらしていた。亡《な》くなる直前まで永六輔《えいろくすけ》の番組で「野坂昭如さんからの手紙」というコーナーをやっていた。若き日は野末陳平とコンビを組み、黒いサングラスをかけて漫才までやっていた。焼跡闇市《やみいち》派である。このコンビ、めくりには「ワセダ中退・落第」と書いてあった。私は高座を見たことがあるが、まぁ〜下手。つまらない。度胸がないので酒呑《の》んでサングラスでやってるからシリメツレツ。まっ、これも愛嬌《あいきょう》。

のちに小沢昭一《しょういち》、永六輔と三人で「中年御三家」を結成。武道館でコンサートをやるというので若き私は駆けつけた。『黒の舟唄《ふなうた》』『マリリン・モンロー ノー・リターン』である。私はＣＭで、その個性的な吃音《きつおん》を生かした〝ソソソクラテスかプラトンか〟がお気に入り。みーんな悩んで大きくなった。

「長生きした若者はいない」（立川談志）

若者なんてなァ大したことはない、と談志は言っていた。その証拠に「早死にした老人はいないだろ」。ごもっとも。おっしゃる通り。ちなみにこんな言葉も私は知っている。

「生き物の中で、将来死ぬことを知っていて生きているのは人間だけ」まったくだ。犬とか猿、あいつらは将来自分が死ぬんだって事も知らずにワンだのキーッだの言ってやがる。バカだ。馬も鹿《しか》もな。

☆

大好きだった後輩・森田芳光《よしみつ》監督は早く死んだ。

高平哲郎《たかひらてつお》の近著『私説人名事典』にはこうある。

〈2011年森田芳光の通夜《つや》で（高田と）久しぶりに会って、一緒に受付に向かった。名前を書いて、香典を出そうとしたら家に忘れてきたことに気づき「明日持参します」と言ったら、後ろにいた高田文夫に「いつもこうやって香典を払わないんだから」と言われてすっかり動転してしまった〉

ワハハ。

☆

どうやら私と親しくなると同世代のみんなは早死にするというやな噂《うわさ》。1998年景山民夫《かげやまたみお》（50歳）、2001年古今亭右朝（52歳）、2011年森田芳光（61歳）、2012年中村勘三郎（57歳）、2013年大瀧詠一《おおたきえいいち》（65歳）、そして2016年荒井修《おさむ》（67歳）。右朝と荒井は日芸の同期、森田は1年下である。みんな各々《おのおの》、超一流の文化芸能を持ってあっちのステージへ行っちゃった。

【文庫追記】こんな事を書いているから18年3月19日、若き日からの酔払い仲間、酒グセの悪さから〝まむしの兄弟〟とまで言われ、二人がつるんでいると若手達からおそれられた我が友、立川左談次が逝《い》っちゃった。「権兵衛狸《ごんべえだぬき》」がメルヘンチックで味と楽しさがあった。

〈彼岸入り〝権兵衛狸〟連れて逝く〉

この落語の中には左談次がこさえた名作「後頭部深川」という江戸っ子大爆笑の洒落《しゃれ》が入っている。勿論《もちろん》ネタ元は「江東区深川」である。

「オレ危篤《きとく》　それさえネタの　洒落稼《しゃれか》業《ぎょう》」

（風眠）

半年間休んで『ラジオビバリー昼ズ』にもどった時、1曲目の選曲が桑江知子《ともこ》の『私のハートはストップモーション』だった。

外見からは分からないが、大手術で私の体はジグソーパズルのようだった。左の胸には〝林家ペースメーカー〟である。

……とまァ、なんでも笑いにしなけりゃ気が済まない。

退院して少し経《た》ってミッキー・カーチスが、そして吉幾三《よしいくぞう》が私に握手を求めてきて「よぉ兄弟」だとさ。彼らも自力じゃ動けないのである。

【文庫追記】しみじみ思う。

「人間大切なのは見た目よりも外見である」

「心が動かなくなったら、仕事はやめる」（高倉健）

高倉健はこう言ったのだ、

「台詞《せりふ》が覚えられない、体が動かないより、心が動かなくなったら、仕事はやめる」

クゥ〜ッ、いいお言葉じゃありませんか。

「感動」ってのは感じてから動き出すってことだからネ。見たり聞いたりして心が感じ、自身が動き出さなくてはネ。

それにしても「心が動かなくなったら、仕事をやめる」のか。さて、私はどうすれば……。心臓が動かなくなったら仕事をやめるか。

下手したら心臓が止まっても喋《しゃべ》ってるかもしれない。

「嘘《うそ》をつくときは、みんな真顔」

(居酒屋のとなりの客)

笑いながら嘘をつける人は居ない。私も見た事はない。が――「笑いながら怒る人」って芸はその昔、竹中直人《なおと》で見た事がある。知ってる人も少なくなったが『ぎんざNOW!』である。司会は一世も二世も風靡《ふうび》した男、せんだみつお。せんだが教えてくれた〝パンツの三要素〟「かがない、なめない、かぶらない」。

そしてこの『ぎんざNOW!』から出た最大のスターが清水健太郎。それに10ゲーム差くらいで後を追ったのがザ・ハンダースである。6人組なのでハンダース。清水アキラ達がいた。その息子の世代が今は活躍してる時代となったが。

ちなみに若き日、せんだが居たのがビリー・バンバン(白いブランコ)。せんだ自身は〝白いブランク〟と呼ばれる。若き日、西のあのねのねにいたのが鶴瓶《つるべ》。共に抜けたら売れた。もう一つおまけに――千に三ツしか本当のことを言わないから〝せんみつ〟で「せんだみつお」とニッポン放送のプロデューサーに名付けられた。

【文庫追記】せんだみつおはまさに〝長いものにはマカロニグラタン〟な性格で大物に可愛《かわ》いがられる。一杯やった勢いで長嶋《ながしま》にきいた。「もう色んな賞もらっちゃったから欲しいものはないでしょう?」「ウ〜ン、せんちゃんあとひとつ」「なんですか」「世界遺産」だとアハハ。

長嶋茂雄は世界遺産になりたいらしい。このところ、少し体調も悪いようだが、ガンバレミスター!!

「あいつがアホやからと大阪人」（浪花《なにわ》にて）

「あいつがアホやから」と人のせいにするのが大阪人。

「オレがバカだったから」と東京人。

自分自身を反省するのが東京の人。最近、こういう人も少なくなったけどネ。

「バカとアホのからみあい」を歌ったのは鶴田《つるた》浩二《こうじ》『傷だらけの人生』。

バカとアホのからみあいを画《え》で見せてくれるのが天才バカボン。パパに名前はなくて出てくる時は〝バカボンのパパ〟だ。バカボンが生まれる前は何と呼ばれていたのだろう。これでいいのだ。

【追伸】それにしても実写版『天才バカボン』には衝撃をうけた。〝くりぃむ上田〟のパパおみごと。

「いつまでも喰ってると、口の中でウンコになっちゃうぞ」

（車寅次郎《くるまとらじろう》）

『男はつらいよ』の中で寅さんが言ってたが、それよりずっと前からウチのおふくろはこれを言っていた。

渋谷の鳶《とび》の頭《かしら》の娘だったからモタモタするのが一番嫌い。まさに〝早メシ早グソ芸の内〟だった。気が短くせっかち、何事もサッサとやらないとしくじった。二度聞きすると「風邪ひくよ」と言った。

おふくろはこうも教えてくれた。

「他人《ひと》と時間にルーズなのを田舎っぺというんだよ」

なにしろまず他人のことを考えた。ひとを待たせて嫌な気持ちにさせるなんてとんでもない。私は今でも約束の15分前にはそこに居る。

☆

大阪での仕事を終え、弟子と一緒に新幹線に乗った林家彦六《ひころく》。新幹線が名古屋を過ぎるとそわそわしだしてデッキに立つ。弟子が、

「まだ名古屋を過ぎたばかり。あと2時間はあると思いますが？」

「バカ野郎〜ッ、新幹線は速いんだ。いつ東京に着くか判《わか》らねぇ」

モタモタして他人様に迷惑かけるよりは、せっかちな位がちょうどいい。それが都市生活者。ひとに気をつかいすぎるのが東京の人。ちょっとした事でも「ありがとう」と何かを渡す。

その昔の『誹風柳多留《はいふうやなぎだる》』にもこうある。〈人にものただ遣《や》るにさへ上手下手〉ちょっとした気づかいをスッと渡すタイミングさえ田舎者は間が悪いのである。

東京人は祝儀《しゅうぎ》を切るタイミングさえ命がけなのである。そして知らんぷりがなにより嫌い。

〝見て見ぬふりを人が見ている〟

「バカだねぇ〜」（初代おいちゃん＝森川信《しん》）

もっともっとお爺《じい》さんかと思ったけど森川信は60歳という若さで亡《な》くなっているのである。『男はつらいよ』初代のおいちゃんである。私が一番大好きなおいちゃんだ。坂口安吾《あんご》が大絶賛したコメディアン。その『青春論』にも登場する。漱石《そうせき》の〝三代目小さん大絶賛〟のようなものだ。坂口安吾は好きすぎて、森川信の楽屋に入り浸ったそうである。森川信は大した対応もしなかったようである。

歴代のおいちゃんの中でも、寅《とら》さんが安心して甘えたり減らず口を叩《たた》いたりできるのは森川信の胸を借りている時だけである。

ここだけの話、私は渥美清《あつみきよし》より森川信の方がうまいと思う。

私がラジオなどでも時々やる寅さんのものまね。「マクラ！　さくら取ってくれ」。この名台詞《めいぜりふ》、最初に言ったのはおいちゃんだった。

「軽妙にして洒脱《しゃだつ》　それが都々逸《どどいつ》七七七五」（高田のお言葉）

都々逸ってのは江戸の終わりに都々逸坊扇歌《どどいつぼうせんか》という芸人が三味線に乗せて寄席《よせ》で流行《はや》らせた七七七七五。

前にも書いたが高杉晋作《しんさく》が作ったといわれる乙《おつ》な文句が、

〈三千世界の鴉《からす》を殺し　主《ぬし》と朝寝が　してみたい〉

映画『幕末太陽傳《でん》』で、晋作役の石原裕次郎《ゆうじろう》が居残り佐平次役のフランキー堺《さかい》に俺が作ったと披露する。場所はといえば品川の女郎屋「土蔵相模《どぞうさがみ》」。三千世界というのは世界中という意味。前の晩の宴会やなんかの残飯をあさりに朝早くからカラスがカァカァやってきたんだろう。うるさくて寝ちゃいられない。これが後に八代亜紀《やしろあき》の『舟唄《ふなうた》』で、

「沖の鷗《かもめ》に深酒させてヨ～　いとしあの娘《こ》とヨ　朝寝するダンチョネ」

となっていく。それでは色っぽいのをいくつか。

〈ガキの頃から イロハを習い ハの字忘れて イロばかり〉

〈酒の相手に 遊びの相手 苦労しとげて 茶の相手〉

なんとも切なくとどめをさすのはこれ。

〈女房にゃ言えない 仏ができて 秋の彼岸の 廻り道〉

この文句は、内海《うつみ》桂子《けいこ》・好江《よしえ》の好江ちゃん（あえてちゃんと呼ばせてもらう程可愛《かわ》いかった）から教わった。早くに亡《な》くなった。その分、桂子師匠が93歳？

〈私の人では ないのだけれど 誰かの人にも したくない〉

〈外は雨 酔いも回って もうこれからは あなたの度胸を 待つばかり〉

【文庫追記】寄席《よせ》などでよく耳にするもの。

〈かわいそうだよ ズボンのおなら 右と左に 泣き別れ〉

〈俺とお前は玉子の仲よ 俺が白身で 君（黄身）を抱く〉

〈浮世を忘れた坊主《ぼうず》でさえも 木魚の割れ目で 思い出す〉

「迎えの拍手は昨日までの人気。降りる時の拍手は今の人気」

（五代目・古今亭今輔《いますけ》）

この言葉を言ったのは〝お婆《ばあ》さん落語〟で戦後売った五代目今輔。迎えの拍手というのは高座に出て行った時のお客さんの反応。噺《はなし》を終えて楽屋へ戻る時に送られる拍手の方が大きい方が望ましい。芸談では割と皆、似たような事を言っている。エリック・クラプトンにはこんな言葉。
「ステージへ上がった時は自分が一番うまいと思え。ステージを降りた時は自分が一番下手だと思え」

☆

三波春夫《はるお》の名言が「お客様は神様です」。年寄りばかりの楽屋、高座へ出て行った若手が「お客様は神様です。楽屋にいるのは仏様です」。
昇太の弟子（東大卒）。新宿末廣亭《すえひろてい》の楽屋で歌丸師匠にタクシーを呼ぶように頼まれ、車が来ると「師匠、お迎えが参りました」。楽屋が凍りついたのは言うまでもない。

【文庫追記】金をかせいでいた40代の頃、熱海の山の上に小さな山小屋のような別荘を持ったことがある。男の子ふたりももうカブト虫も捕らないので手離した。姉から言われた。「別荘と女性はひとのものに限るわよ。自分で持つと手入れと金が大変」。その通り。

「日本はYES OR NO？ と迫られたら一言、ORを選べばいいんです」（立川志《し》の輔《すけ》）

「NOと言える日本」なんて慎太郎も言ってましたな。ORを選んじゃう曖昧《あいまい》さも日本人ならでは。まさに〝曖昧ミー〟である。

「キリストさんはNOですか？」

「イエス」

☆

志の輔は金沢・富山へ新幹線が開通して大喜び。富山なんざホタルイカとシンキローだろ？ 志の輔は蜃気楼《しんきろう》も金嬉老《きんきろう》も見た事がないらしい。

それにしても志の輔、20年続いた渋谷パルコ劇場公演はお疲れ様である。渋谷は、渋谷公会堂もパルコ劇場も建て替えなどで当座なくなってしまう。ジァン・ジァンもとっくにない。あの通りは「公園通り」と名付けられたが、私が若い頃、坂を上っていくと右側はすべて連れ込み旅館。今で言う「ラブホ」。昔で言う「さかさクラゲ」「大人の休憩所」であった。どうやってそこまで女の子を連れて行くか、そこが勝負の分かれ道だった。

渋谷といえば忠犬ハチ公。「あの犬は本当はバカハチといって、主人が死んだのも気付かないで渋谷駅前をウロウロ。屋台のお客達がエサをあげてたんだよ。うちのおふくろそう言ってた」とラジオで喋《しゃべ》ったら、その音をテレビ東京が深夜の〝ハチ公特集〟で流した。スタジオに居た局アナとケンドーコバヤシ言葉を失い、局アナの「バカハチってショックですねぇ」にケンコバ「高田センセーがそう言ってるのだし、ましてやセンセーのお母様がそう言ってるんですからほとんど間違いはないでしょう」だってアハハ。うちの母とたけしのおふくろの言う事は、千にひとつのウソも無い。ただちょっと大げさなだけ。

「鼻水はリアクション芸人にとってダイヤモンド」（出川哲朗）

齢《よわい》50を過ぎての、この身体《からだ》を張った芸魂は立派。初めてテレビに出たのはたしか20年くらい前にTBSで私と和田アキ子が二人で司会をやっていた『おちゃのこサイサイ』ではなかったか。頭の悪そうな衝撃的な出方だったので覚えている。

1989年にスタートした『ラジオビバリー昼ズ』の初期の頃の外まわりレポーターをやってもらっていた。ある日真顔で「演劇の方に戻りたいので」と言うので番組から外して東貴博《あずまたかひろ》を代わりにレポーターで入れた。

数か月後、テレビをつけたら「アッチチッ！」とやっていた。それでも私はずっと哲ちゃんのことが大好きで、下北沢の本多劇場でネプチューンの堀内健《けん》とやっている芝居は必ず見に行っている。毎年、帰り道に「行くんじゃなかった」と思いながら……。

根っからのヤクルトファン。２０１５年も優勝目前、神宮球場へ見に行ったら、ロッチの中岡創一をひきつれ、にぎやかに挨拶《あいさつ》に飛んできた。律儀《りちぎ》なのだ。横浜の老舗《しにせ》の海苔《のり》問屋の若旦那《わかだんな》。盆と暮れには必ず高級海苔を贈ってくれる。パリパリ。

いい奴《やつ》だ。坊ちゃんなのだ。かつてはあれ程「抱かれたくない男」ナンバーワンだったのが、今や愛され度ナンバーワンである。

【文庫追記】出川もホリケンも横浜とか横須賀《よこすか》のヤンチャ坊主《ぼうず》なのだが、どれだけふざけても嫌な感じを与えない。ふたりには生まれながらにそなわった「品」があるのだ。「上品」だと「上品」と「下品」のふたつができる。「下品」な人には「下品」しかできない。下品は上品になれない。

高座に出てきて開口一番。

「忙しくて休む暇が無いン。……一寸《ちょっと》ここで休ませてください」

（月の家圓鏡《えんきょう》〈のちの橘家圓蔵《たちばなやえんぞう》〉）


〝売れる〟というのはこういう事を言うのだろうとこの目で見て、そう思った芸能人はこの圓鏡とピンク・レディー。

高座に上がって本当に休んだのだから。それがまた洒落《しゃれ》になった噺家《はなしか》でもあった。売れまくって大喜利で家を建てた。談志曰《いわ》く、

「紙芝居屋のこせがれが家建てやがってネ、〝月の家圓鏡〟なんて生意気に表札がかかってんだ。表札とって裏みたら〝そのココロは？〟って書いてあった。こ

れはやられたネ」

芸能界でも有名な「昭和9年会」の数少ない残党であったが、２０１５年10月、81歳で亡《な》くなった。玉置宏《たまおきひろし》、坂上二郎、愛川欽也《きんや》、牧伸二……みんな居ない。

9年生まれも少なくなってきた。その分、大橋巨泉の追悼コメント登場回数が多くなっている。

巨泉は皆から「あいつはうるさいから呼ばなくていいよ」と呑《の》み会、宴会には誘われなかったと聞く。なのにここへ来て大忙しである。

ガンバレ巨泉。ハッパフミフミである。

放送作家でもあった同業者のマエタケ（前田武彦《たけひこ》）とコンビを組んで『巨泉×前武ゲバゲバ90分！』をヒットさせた。前へ前へと出る芸風の巨泉を想《おも》い出《だ》し「駄句駄句会」で私が一句詠《よ》んだ。

お題（季題）が〝舞茸《まいたけ》〟の時である。「マイタ、、、マイタケの味を打ち消す巨泉かな」。

「銀杏《いちょう》は手品師　老いたピエロ」

（『公園の手品師』）

私が昔から大好きなフランク永井の『公園の手品師』である。緑から黄色に変わっていくさまはまさに手品師。縦ジマを横ジマにしてしまうマギー司郎よりもあざやか。

先日、朝日新聞が「あなたの好きな木ランキング」というのをやっていて、イチョウは何位だったと思います？　2位ですよ。

1位は予想通り「サクラ」（日本を代表する木であるという声が多かった）。

2位「イチョウ」（落ち葉のじゅうたんも素晴らしいという声もあった）。

3位「キンモクセイ」（匂《にお》いを楽しむ人も多い）。

4位「ウメ」、5位「ハナミズキ」。以下、シラカバ、ケヤキ、マツなんてのが並んでいた。

最近では石ではなく樹木を墓標に指定する樹木葬が人気だとか。だったら結婚した福山雅治《まさはる》は「サクラ」か。

フランク永井は勿論《もちろん》「イチョウ」、千昌夫《まさお》は「シラカバ」、都はるみは「ツバキ」（アンコ椿《つばき》は恋の花）、アントニオ猪木《いのき》は「ヒノキ」で、正成《まさしげ》はやっぱり「クスノキ」か。

楠木《くすのき》正成って分かるよネ？

良寛が作ったといわれる私の好きなこの句「散る桜のこる桜も散る桜」。

やはり日本人の心情にはたまらないですなあ。

良寛はこんなのも作っている。

「裏を見せ表を見せて散る紅葉《もみじ》」

うまい!!　ザブトン２枚!!

「神社の恋の物語」（デュエットの定番）

勿論《もちろん》、裕次郎《ゆうじろう》の『銀座の恋の物語』ではあるが、こちら私がこさえた方は神主と巫女《みこ》が恋に落ちてしまうという「神社の恋の物語」。言ってみれば神社の中だけに社内恋愛か。恋は盲目、まさに神も仏もあるものかって感じである。

☆

余談ですが、私はもう20年近くも毎年、茨城の笠間《かさま》稲荷《いなり》神社へ行って秋の落語会をやっている。談春やら白酒《はくしゅ》やら今をときめく人気者はみんな出てもらっている。この神社は映画『座頭市』シリーズでは「笠間の血祭り」としても有名。『上を向いて歩こう』坂本九が挙式したことでも知られる大きな神社。

古くからの絵馬がたくさんキチンと残っていて、「力道山」やら「長嶋《ながしま》茂雄」やら「村田英雄《ひでお》」らそうそうたるメンバーが興行の途中ここを訪れていることがわかる。

「ブラッシー」なんてのもあるから嬉《うれ》しい。噛《か》みついてもらいたかった。

私は「笠間と俺とは同期の桜」と絵馬に書いて奉納した。ちなみに私が入る墓は、浅草は今戸神社の先をちょいと行った所にある長昌寺《ちょうしょうじ》である。

墓地墓地行くか……やな洒落《しゃれ》だ。

【追伸】三遊亭圓朝《えんちょう》（落語の神様といわれる）研究では日本一（ということは世界一）といわれる元・日大の永井啓夫《ひろお》先生も私が入る予定の同じ寺に眠る。私が学生時代に圓朝のことを様々教えてくれた先生である。

私が死んだら草葉の陰でまた圓朝のことを教わることとなる。

ちなみに圓朝の墓は谷中《やなか》の全生庵《ぜんしょうあん》である。

「楽しみは　うしろに柱　前に酒　左右に女　ふところに金」（男の夢）

男の夢、また夢の画柄《えがら》である。

私も40歳前後の頃、こんなことを毎日やっていたが、一年もしない内に息切れ。金も身体《からだ》ももたなくなった。

〈人生は　五分《ごぶ》の真面目《まじめ》に　二分侠気《きょうき》（男気）　残り三分は　茶目に暮せよ〉

とまぁ、こう生きていきたいものだ。茶目とはユーモアのこと。ユーモアはヒューマンから来た言葉だとか。人間の知性とはユーモアがあることなのだ。犬や猿にはシャレが通じないからネ……。

☆

落語「愛宕山《あたごやま》」の中の幇間《たいこもち》の一八《いっぱち》の台詞《せりふ》。志ん朝はみごとに言い切った。山の上から「オオカミがでるぞォ」と言われた一八。

「オオカミ？　オオカミはいけませんよ。オオカミはヨイショがきかないン」

このクスグリを初めて志ん朝が披露した時、客席で聞いていて、本当に死ぬかと思うくらい笑った。

志ん生一門の志ん駒《しこま》の名作。前にも出たと思いますが本当の名作なので、

〈される身に　なってヨイショは　ていねいに〉

若き日より志ん駒はヨイショ一代。手の平をもみ手でスリスリしすぎて30歳で指紋は無くなった。

【文庫追記】ひとを喜ばせる、楽しませるのが我々の商売の基本。夏目漱石《そうせき》門下である内田百閒《ひゃっけん》はこう言ったとか。

「世の中に　人の来るこそうれしけれ　とは言うものの　お前ではなし」。アハハ、ピシャリだ。会っても嬉《うれ》しくない奴《やつ》も居る。

「人間は七割の水分と二割の垢《あか》 そして一割の驕《おご》りで 出来ている」

（高田名言コレクション）

大きな相撲取りを見て「半分は垢でございます」と謙遜《けんそん》していう「半分垢」という落語がある。驕り高ぶるのはいましめなければいけないが、金を出して他人《ひと》にふるまうのはよい行いだ。おごるのも好きだが、おごられるのはもっと好きだな。何人も弟子が居たが、平気な顔をしておごってくれる奴《やつ》ァ一人も居なかった。さんざんタダ飯喰っといてだ——。談志みたいに上納金取りゃよかったなァ。

〈おごる平気は久しからず〉

☆

ケチで有名だった若き日の川柳川柳《かわやなぎせんりゅう》（当時はさん生）、楽屋で談志をみつけ

「イヨッ売れてんだから！　今日私におごって」「今日は金持ってないよ」と談志が困って言うと「無いなら私が貸すから、ねえおごって！」。

【文庫追記】文字だけ見ると川柳川柳……これは「かわやなぎ」「せんりゅう」。私が学生時代に覚えた回文をふたつ披露。知ってる人は少ないと思うので記しておく。

「馬鹿《ばか》な奴《やつ》の喜劇《きげき》の通夜《つや》なかば」ホラッ下から読んでも。情景も浮んでなかなか奥深い回文だ。

「シネマ作《つく》り理屈《りくつ》真似《まね》し」

まるで『カメラを止めるな！』だ。理屈を学べ。

「高田、お前の書く事は面白いから、俺と同じ字で書け」（塚田茂）

1970年代初め、私は、三橋美智也《みちや》ショーやクレージーキャッツショー、ザ・ドリフターズショーなどを手掛けた売れっ子の日劇演出家であり、『夜のヒットスタジオ』や『オールスター家族対抗歌合戦』などのテレビ番組の構成もやっていた放送作家の塚田茂の門下生のような形になった。

すぐに5本、10本と番組を任され台本を書くと塚田は喜んで「高田、お前の書く事は面白いから、これからは俺と同じ字で書け」と厳命した。書き上げて深夜、テレビ局へ原稿を届けると、ディレクター達はこれを読んで「いやぁ、近頃塚田センセ若くなったネ。ネタが最新だもの」と喜んだ。そりゃそうだろ、23、24の頃の私が書いてんだから。サムラゴーチだかなんだか知らないがセコイ!! ゴーストライターなんて仕事、45年も前から私は吐くほどやってんだから。だけど、無理もない話で、昔はパソコンなんてのがない時代。すべて手書きの生原稿。今のパソコンじゃ、本当のところ誰が書いたかなんて分からないんだろ？ 秋元康《やすし》なんて一体、何人いるんだ。

【追伸】私はこの時代、今でも手書き。編集者は嫌がるけど仕方がない。何より私が間違いなく書いているという証拠だから。おまけにゴーストライターすら務められない弟子ばかりだからネ。想《おも》えば45年間、よくもコツコツとずっと手書きで原稿用紙を埋めてきたもんだ。ショックだったのは先日、文房具屋へ行ったら「もう原稿用紙は扱っておりません」と言われたことだ。

これから何に書く？

チラシ広告のウラにでも書くか。それじゃ談志だ。

「同業に　悪く言われて　金ができ」

(古今亭志ん生)

　なんともいい加減ですっとぼけていて、妙におかしかったのが昭和の大名人・志ん生。存在そのものが落語、ドキュメンタリー落語、ミスター落語である。志ん生が作った俳句や川柳のようなものも様々、残っていて、これがまた面白い。人間というものを本質でとらえちゃっているのである。

　右の句などもまさにそうで、噺家《はなしか》という個人商売ならではの句。今の時代ならさしずめ『笑点』の司会になった春風亭昇太がそうである。ひがみ、やっかみ、ねたみ、そねみ、陰口、皆言ってる。それがまた芸人の性《さが》。そして業《ごう》なのである。

　志ん生の作品をいくつか。

鼻歌は　忘れたとこが　しまいなり

耳かきは　月に二三度　使われる
干物では　さんまは鯵《あじ》に　かなわない
言い訳を　しているうちに　そばがのび
焼きたての　秋刀魚《さんま》に客が　きたつらさ
はばかりで　電話の鈴《りん》が　気にかかり
蚤《のみ》の子は　親の仇《かたき》と　爪《つめ》を見る
噺下手　笑い上戸《じょうご》に　助けられ
豆腐屋の　持つ包丁は　こわくない
気前よく　金を遣った　夢をみる
亀《かめ》さんは　ちょうど今夜が　百年目
坊さんが　来ると家中　固くなり

【文庫追記】2019年の大河ドラマが宮藤《くどう》官九郎脚本の『いだてん』。古今亭志ん生をビートたけしが演じる。妻のおりんさん役が池波志乃《しの》。中尾彬《あきら》に会ったら「志乃がね言うんだよ。たけしさんお爺《じい》ちゃんそっくりってクフフ。楽しみだよね」とネジネジをひねった。

「生きているということは　誰かに借りをつくること」（永六輔《えいろくすけ》）

「六輔　永《なが》のお別れ会」の会葬御礼に、藍染《あいぞめ》で粋《いき》に染められた手拭《てぬぐ》いが配られた。

そこにはこう書かれていた。

「生きているということは　誰かに借りをつくること　生きてゆくということは

その借りを返してゆくこと　永六輔」

私なぞ、まだまだ借りを作ってばかりの人生だ。借りをまだまだ返せないから、あの時、ああして生かしてもらえたのだと思う。まだ当分、借りを返していかないと……。で、永さんは貸し借りゼロになって旅立っていったのかなあ。

お寺の子だから「天国」へ行くという概念はなく、きっと草葉の陰にいる。私の家も仏教だから草葉の陰に行くのだ。

【文庫追記】永さんの墓は浅草、私はとなりの今戸。近くていいや。

「東八郎《あずま》の弟子になろうと北海道を出た時も、こんな雪でした」

（タクシーの運転手）

２０１７年の１月は最強寒波。仕事で名古屋へ行っていて朝、ホテルの窓を開けると雪景色だった東ＭＡＸ。眠い目をこすりテレビ局へ向かうタクシーへ。走り出して東が何気なく運転手さんに「雪ですねぇ」と言うと、ややあって……微妙な間《ま》から運転手が口を開いた。

「私が東八郎さんの弟子になろうと思って北海道を出た時も、こんな雪でした」

「えっ⁉」

絶句する東。御存知かとも思うが、東八郎（ことアズハッツァン）とはパパのことなのだ。

「すぐに引き戻されましたけどネ……」

一体何があったんだ。聞くに聞けない少し重たいムード。タクシーの中は沈黙が流れた。運転手の方からみれば憧《あこが》れだった人の息子さんを、こうして同じ雪の日に乗せるとは……という感じだろう。東八郎、死して30年近く。後日、東が「だいたい、今の60代はみんな八郎世代だからネ。まあ欽《きん》ちゃん世代でもあるんだけど。だからやたら僕には話しかけやすいんだろうな」。

これは的を射ている。60代が八郎、欽ちゃんなら、今の50代の男の子達は確実にたけしチルドレン（『オールナイトニッポン』でのたけし・高田チルドレンとも呼ばれる）、そして40代は間違いなくダウンタウンフリークだろう。あるいはとんねるず命、である。では、30代は誰なのか……。出川哲朗でも江頭《えがしら》2：50でもないことは確かである。

この30代から60代まで、すべてを網羅しているのが〝お笑い怪獣〟明石家《あかしや》さんまである。ちなみに私が個人的に70代の人達からアンケートを取ったら「クレージーキャッツ」「林家三平（初代）」そして「八波《はっぱ》むと志」だった。渋すぎ。一票だけ森川信《しん》というのもあった。

「東大の赤門をくぐる度に、私の人生が変わります」(島倉千代子)

いくつになっても乙女のように可愛《かわい》かったおチヨさんである。知り合いの東大の先生の講義を聞いてみたくなり、学生にまじって話を聞き、挨拶《あいさつ》を頼まれこう言った。

「私が東大の赤門をくぐったのは今日で三度目です。一度目はあの安田講堂に学生たちが立てこもって機動隊とやりあった時。私は歌手なもので、何も世の中の事を知らなくて、何が起きているのか分かろうと思って来ました。二度目は赤門をくぐり、東大病院へ行き、乳がんが判明しました。そして今日、こうして講義を聞きに来ました。赤門をくぐる度に、私の人生が変わります」

【文庫追記】まさに「東大だよおっ母《か》さん」だな。

これは「東京」のシャレですけど、大ヒット曲だから日本人なら分るよネ。

「売れた子の　親はひとまず　サングラス」

（売れっ子の子役）

テレビで内山信二が喋《しゃべ》っていたことを、私が一行にまとめるとこうなった。昔は「ステージママ」なんて言葉もあった。

内山が『あっぱれさんま大先生』に出ていた頃、ピークの月収が３０００万。小学生が月に３０００万。タクシーを使って鬼ごっこをしていたというから凄《すご》い。親もすっかりその気になってしまい、内山の父は「下町の勝新太郎」と呼ばれた。

夕方からいつも３人くらいで吞《の》むのをスタートして、５軒、６軒、最後は気がつくと30人くらい引き連れて毎晩、吞んでいたという。吞み代《しろ》、全《すべ》て父親払い。人生のほとんどが失敗だった。

【文庫追記】名言かどうかは分らないが『カメラを止めるな！』の上田慎一郎監

督はこんな事を言っていた。

「失敗は無駄じゃない。失敗は貯金だ」

「オレはウラ方《かた》が好きでネ……」（高平哲郎《たかひらてつお》）

真顔で高平が言う。「表よりもやっぱり裏なんだよ。ホラッ、有名な版画家と一緒でさ、昔から〝ウラ方志向〟って言われてんだろ、オレ」。それを言うなら〝棟方志功《むなかたしこう》〟by青森。

若き日、一度だけ棟方の仕事場へ取材ロケに行ったことがある。板に目ン玉をくっつけて彫っている。眼球まで彫っちゃうのかと思った。何枚も何枚も刷っては放り刷っては放り。どうせ捨てるんだからわからないだろうと思い、そっと1枚をしまおうとしたら「コラッ」。びっくりした。あの目ですべて周りも見えていたんだ。やっぱり大したお方だった。

その棟方に憧《あこが》れて何にでも彫り出し、気がついたら「消しゴム」を彫って日本中に感動を与えたのが同じ青森のナンシー関。私は関直美《なおみ》を名乗った高校生時代から知っている。『ビートたけしのオールナイトニッポン』に唯一《ゆいいつ》、女の子で毎週、下ネタなどをせっせと送ってきていたのだ。ナンシー関という名前を、えのきどいちろう、いとうせいこう等に付けられ可愛《かわい》がられ始めたら、すぐに大衆文化の横綱になった。私ともコンビを組み何冊か本を出した。

意外かもしれないがカラオケが大好きだった。

今、消しゴム版画でひそかにガンバっているのが〝とみこはん〟。元・浅草キッドのマネジャーである。極めてほしい。

【文庫追記】私とナンシーの連名で出した本は『寄《よ》せ鍋《なべ》人物図鑑』（1993年・講談社）である。

「8時半の男」（巨人・宮田征典《ゆきのり》）

〝8時半の男〟と聞いて胸が躍るのは団塊の世代の野球好きなおっさん達くらいか。考えてみればあの時代（宮田が巨人に居たのは1962〜69年）、毎晩のように日本テレビを中心にプロ野球中継があった。8時半になると必ずマウンドに現れ、ピシッと抑えるのが宮田である。決め球は〝ミヤボール〟という落ちる球。早い話、魔球である。マスコミの合言葉は「ONに一発の出ない日はあっても、宮田がブルペンに居ない日はない」だった。

当時、テレビドラマで『月曜日の男』という人気推理アクションドラマがあった。たしか、主人公はJ・Jと呼ばれていた記憶がある。どういう漢字を当てるのか「ジトウイン・ジョータロー」と名乗ってJ・J。

やはり1962年というと、テレビ時代の波がスポーツ界にも押し寄せてきているという事だ。今の時代〝8時半の男〟というと、朝、NHKに出ているイノッチ（井ノ原快彦《よしひこ》）のことか。あれは8時15分の男か……。逆にラジオの世界では1989年よりずっと「11時半の男・高田文夫」と呼ばれている。古くは「午後2時の男、月の家圓鏡《えんきょう》！　ヨイショッと。エバラ焼肉のたれ、メガネすっきり曇り無し」。

【追伸】宮田は日大を出て巨人に入団。同期には足が速くて胸にトランプ柄のセーターでワイドショーでもおなじみだった柴田勲《しばたいさお》。そして「エースのジョー」と呼ばれた城之内邦雄《じょうのうちくにお》ら凄《すご》いメンバーが居た。「エースのジョー」とは日活で小林旭《あきら》らと大活躍した宍戸錠《ししどじょう》からきているジョーである。『あしたのジョー』はもっとずっと後の話。この城之内邦雄と歌手の城之内早苗《さなえ》は、たしか近い親戚《しんせき》である。

「嫌だよ、こんな汚い所で死ぬの」(立川談志)

〝芸人になると親の死に目に会えない〟とか〝畳の上じゃ死ねない商売〟とか〝舞台の上で死ぬのが役者の本望〟とか色んなことが言われてきた。私が大喜利の司会をやっていると聞いて久しぶりに新宿末廣亭《すえひろてい》へやってきた我らが談志。

「寄席《よせ》の雰囲気も久しぶりだなぁ」と袖《そで》から覗《のぞ》き、しみじみと、

「舞台の上で死ぬのが役者の本望なんて言うけどさ、オラァ嫌だよ、こんな小汚い高座で死ぬの。ゆっくり家か病院で死にたいネ」

後年、本人の希望通りそうなった。病名は当人が希望していた通り「ふとした病」という事にしておいてあげたい。

☆

私の母が亡《な》くなる時、私はTBSラジオの深夜の生放送で、景山民夫《かげやまたみお》と喋《しゃべ》って

いた。サブの電話が鳴り、ＡＤが「すぐ病院に行った方が」と言った。景山に「ちょっと失礼するわ」と、スタジオを出て病院へ向かった。タクシーの中で流れるラジオで、景山は「今、高田さんのお母様が亡くなりました。皆で少し黙禱《もくとう》しましょう」と言ってくれた。

母も喜んだと思う。私は涙が止まらなかった。

【文庫追記】「喜劇人は同情されたらおしまい」（エノケンも伊東《いとう》四朗も言っている）。舞台の上だけは面白いが普段はムスッとして気むずかしいという喜劇人が昔は多かった。私の仲間が言ってたのは、

「喜劇人とは通夜《つや》に来た人の想《おも》い出《で》の笑い話が朝までつきぬ人のことである」

これも一理ある。

「人は誰しも弱っている姿は見られたくない」（高倉健）

この言葉のあとにこう続いていた。「だから私は見舞いにも行かないし、来て欲しくない」。まったく同感。その通り。私も2012年に大病して入院した時、病室に入れるのは妻と子供だけだった。いきなり他人に来られても、お互い気を遣うだけで疲れる。ましてや〝冗談のひとつも言わない私〟だけは見られたくない。常に冗談が言える体調でいたいのだ。

私は「御臨終です」と言われる直前までジョークを言っていたいのだ。

健さんといえば、もう一つ。

「高倉健。本名を小田剛一《ごういち》」

高倉健は小田剛一との〝二《に》人羽織《にんばおり》〟を生きたのではないか。不器用な人と言われるが……この不器用さを演じられる程、健さんという人は器用な人だったのではないか。まったくの私の推測だが。

☆

林家三平（初代）から学ぶべきはただ一つ。もうすぐ臨終だという時、医者から声をかけられた。

「お名前は？　お名前は分かりますか？」

三平、最後の一言。

「あっ、加山雄三《ゆうぞう》です」

ガクッ。お見事！

「そう。人間が好きなのだ。生まれついての都会の子だから」（加賀まりこ）

あるエッセイでこう書いていた。同感。やはり東京の子だから、人にもまれてきたから、人に声を掛けられて生きてきたから、人間が大好き。生来の〝世話焼き〟。野で暮らすと書いて「野暮」。無神経な人が私は嫌いである。

☆

誰かが言った。「芸能界ってところは大都会と同じでね。生きようと思えばゴミを喰ったって生きられる」。その通り。先日は歌舞伎町《かぶきちょう》のホストから3万円おどし取ろうとして捕まった女優の娘もいた。あの娘だって「芸能界の人間」と言う。

☆

美空ひばりはこう言った。「スターである限り、幸せであるわけがない」。

「別に術は使いません」（三遊亭圓生《えんしょう》）

昭和の名人・圓生はこう言った。

「私は芸人でして、芸術家じゃございません。別に術は使いません」

いいですねぇ、柏木《かしわぎ》の師匠。若い人向けに分かりやすく言うと、人気者の白鳥。これの師匠が円丈。で、その師匠が圓生である。お芝居好きでも知られた。

☆

圓生の家の黒板の予定表には毎日「リサイタル」と書かれていた。「師匠、お忙しそうですネ」と弟子がたずねると「ええ、毎日同じ稽古場《けいこば》へ行かなきゃならないン。芝居ってぇのも出演するとなると大変でげすな」。リハーサルの予定をリサイタルと書いていたのだ。名人ともなるとリハーサルもリサイタルも分らない。

ちなみに、古今亭志ん生はこう言った。

「寄席《よせ》ってぇところは、あくまで商売をやるところで芸をやるところじゃない。

あそこで芸をやった日にゃ、お客様が参っちまう」

凄《すご》い芸をみると参っちゃうものなのだ。志ん生はこうも言っていた。

「芸なんてなぁ、年に三、四回。毎日やってたらこっちが参っちゃう」

☆

昔の噺家《はなしか》が言った。「芸能人なんて、めっそうもございません。我々は能がないから、芸人です」。

【文庫追記】芸人とか作家なんてのは〝人に好かれていくら〟という商売。早い話、私に言わせりゃ女郎と一緒。

「俳優とかアーティストとか言ったってね、早い話が日雇いの芸人です」

（『芸人』より永六輔《えいろくすけ》）

「目はだませますがね、耳はだませません。目はだませるから、マジックが成立するんですよ」

成程ネ。テレビはいくらでもだませるけど、ラジオでは上手《うま》い下手が分かっちゃうってことだな、きっと。

「むかしの映画を観《み》ていると、役者たちがよけいな演技をしていないことに気がつきます。余計なことをやらせない——そこが演出というものでしょう」

近頃の芝居は色んなことやってるものなあ。

「カラオケってものは、日本人の下手なコミュニケーションを補っているんじゃゃないかなァ」

「花街をハナマチって歌わせる演歌があるけど、色街《いろまち》では花街はカガイと言ってます」

そうだ。きっと『花街の母』からそうなったんだと思う。『円山・花町・母の町』ってのもあるしネ。

伝説の新橋芸者・中村喜春姐《きはるねえ》さんも書いている。

〈花街。これは「カガイ」というんです。花柳界という言葉もあるでしょ。ホステスさんの名前を源氏名なんて言っちゃダメ。これは花魁《おいらん》に限るの〉

「すぐに感動するので、陰で〝カンドウスルオ〟なんて言われてた」

（安藤鶴夫《つるお》）

大衆芸能好き、演芸好きにとってはある時期、神様のような人だった〝アンツル先生〟こと〝若葉町の先生〟安藤鶴夫である。

昭和30～40年代、アンツル先生の言う事、書く事は業界では絶対であった。私もかぶれて読みあさり、この先生の弟子になって「書生」などと呼ばれ、庭の枯葉など掃いている毎日もオツだなんて思った事もあった。たしか私が大学3年の頃に亡《な》くなってしまった。

『巷談本牧亭《こうだんほんもくてい》』（直木賞）やら『わが落語鑑賞』などほとんど読みあさった。家から近いので神保町《じんぼうちょう》の古書店街へよく行くのだが、時々めっけもの（ミツケモノの訛《なまり》、掘り出し物）がある。まだ読んだことのなかった『寄席《よせ》――落語からサーカスまで』（ダヴィッド社）が３００円で売られていたのだ。昭和32年12月初版発行である。様々な会をのぞいての感想が面白いのだが、若き日の談志が描かれていて興味深い。三越劇場での「若手落語会」。桂《かつら》小金治、三笑亭夢楽らと、まだ小ゑんといった時代の談志である。

〈柳家小ゑん（一九）の〝首提灯《くびぢょうちん》〟も噺《はなし》の足取りのいいことと歯切れのいいのに感心した。少し力みすぎて世話講談のようなところもあったが、聞き込んでくるうちに浅黒い小ゑんの顔が三十ぐらいの年配に思えてきたのは芸の力であろう。プログラムには〝昭和七年生〟とあるので、あとで改めて歳《とし》をきいたら〝ほんとは十九です〟という。十代で古典落語なんかやってると馬鹿《ばか》にされると思うんで余計に歳を誤魔化しているといっていた。この量見がぴたり落語家なんでまた恐れ入った〉（注・昭和11年生れである）

この文章は昭和30年に書かれたもの。アンツル先生、19歳の談志にぞっこんである。

☆

なめられちゃいけないというので、年齢を多めにサバをよむというのは昔からあったようで……アイドルなどは逆に三ツも四ツも下に言ってデビューしたりする。大橋巨泉も、マスコミからなめられないように態度をデカくし、確か5歳くらい上に言って仕事をしていた。「巨泉」というのは早大時代から名乗っていた俳号。大きな泉で大きな態度。やっぱり巨泉だ。永六輔《えいろくすけ》も言っていた。

「俳句だけはうまい」

【文庫追記】２０１８年11月マニアックな映画館「ラピュタ阿佐ヶ谷」で落研の学生役フランキー堺《さかい》が落語界に入門する『羽織の大将』をやっているというので飛んで行った。たしか40年ぶりぐらいに見る。中味もほとんど覚えていなかったが安藤鶴夫と桂文楽がタップリ出演しているので嬉《うれ》しくなった。

「ファンの皆さま、優勝おめでとうございます」（若松勉《つとむ》）

２００１年、ヤクルトを優勝に導いた若松監督の、緊張のあまり出てしまった超・超・超・名言。当人は今でも「あれは言い間違いではない」と言っているが……。現役時代は「小さな大打者」と呼ばれた。「オロナミンＣは小さな巨人です」と同じか。「小さな小人が大きな態度」と同じか（まったく違う）。

☆

「お客様は神様です」と言ったのは三波春夫《はるお》。お客様があってこその人気商売である。『笑点』でまったくウケない新メンバー、林家三平。女優の女房だけが笑っている。「お客様は、カミさんです」。

☆

「隣の客は、よくギャグ言う刺客《しかく》だ」

「僕が都知事になったら、一心太助か葛飾《かつしか》北斎の銅像を建てるね」（鈴木清順《せいじゅん》）

『けんかえれじい』『ツィゴイネルワイゼン』など、あまりにも個性的な美学で、我々に映画の楽しみを教えてくれた映画監督が、２０１７年２月に93歳で亡《な》くなった。

日本橋の呉服商の長男として生まれ本所に育った見事な江戸っ子。江戸の豊かな文化は、明治維新が滅ぼしたと常々。上野の西郷さんなんざ、認めなかった。元ＮＨＫの有名アナウンサーだった鈴木健二は実の弟。ＴＢＳの『ムー一族』での役者ぶりを、微笑《ほほえ》ましく見ていた人も多いだろう。

やぎひげで痩身《そうしん》。ひょうひょう。朝日新聞「天声人語」によれば〈晩年は東京の下町で妻と暮らした。隅田川沿いを車椅子《くるまいす》で散歩する姿を近所の人が時折見ている。江戸っ子らしい洒脱《しゃだつ》さを生涯失わなかった〉とも書いてあった。カッコいい。憧《あこが》れる江戸の人である。東京の人が少なくなってきて町のルールを教えるのも面倒になってきた。

【文庫追記】東京の人が少なくなって、と当時は書いたが、オリンピックもやってくるので東京にも日本人が少なくなって東洋人やら西洋人やら。

ブラックジョークとしてお許し下さい。昔聞いて大爆笑のコメント。顔を黒く塗ったシャネルズ（大好き）。リーダーのマーチン（鈴木雅之《まさゆき》）がひと言、「どうも!!　日本人初の黒人です！」

「芝居の情は、毛穴から出る」（藤山直美《なおみ》）

芸界には「名人に二代なし」という言葉もあるが、否々《いやいや》どうして。藤山寛美《かんび》・直美の父娘《おやこ》はみごとである。西に藤山あれば東に古今亭ありである。古今亭志ん生、志ん朝の親子二代も凄《すご》い。ここにはさらに志ん朝の兄である金原亭馬生《きんげんていばしょう》（池波志乃《しの》の父）が居たというのも凄い。幼き日の志乃、目を覚ませば家の中に３人の名人がいるのである。

余談ですが稀勢《きせ》の里《さと》の横綱昇進ですっかりまた相撲ブーム。振り返りのＶＴＲで見る若貴《わかたか》兄弟も強かったですネ。若貴から稀勢の里、久々の伝統芸、ガチンコである。

藤山直美の言葉。

「人の心はマトリョーシカと一緒。いくつでも出てくる」

「役者は記憶と空気しか売っていないんだから、せめてチケット代分は見せないと」

こうして書いていたら２０１７年2月18日、スポーツ紙に大きく「藤山直美乳がん」の記事。春と夏の公演は休演するようだ。ゆっくり治してもらい、またその名人芸をチケット代払って舞台で見たいものだ。

☆

藤山直美の体も心配だがX　JAPANのYOSHIKIの大手術も心配だ。歌丸師匠の容態も。皆、若い頃から体を酷使してきたからなぁ。そんな中、81歳アラン・ドロン引退の報。きっと『やすらぎの郷《さと》』に入るのだと思う。

【文庫追記】アラン・ドロン全盛期、ライバルは愛嬌《あいきょう》のあるジャン＝ポール・ベルモンド。大きな鼻もゆかいだった。私はベルモンド派の高校生だった。

「落語ってものは、アートとサービスの間《あいだ》なんだ」（立川志《し》の輔《すけ》）

弟子の志の春に聞かれ、富山のガッテン師匠はこう答えたそうだ。〝アート〟と〝サービス〟の間、ということは〝アート引越センター〟みたいなものなのか。いざってぇ時、さまざまサービスしてくれるみたいだよ。そうは言ってもクロネコヤマトなど宅配便も色々大変だ。

それより『ガッテン！』がガタガタもめているが大丈夫なのか。歴代のゲスト出演者の中で唯一《ゆいいつ》「ガッテン」しなかったのが立川談志。あれは傑作。弟子へのサービスなんだろう。

NHKはもう一回、追加VTR取材に行かされてたもんな。あれも一つの「かわいがりサービス」の手段なんだろう。

「ガンになって死ぬのが一番幸せだと思います」（樹木希林《ききりん》）

2013年、全身ガンであることを公表して「ガンで死ぬのが一番幸せ。畳の上で死ねるし、用意ができます。準備して片づけができるのが最高」。これに対して夫である内田裕也《ゆうや》。

「オレオレ詐欺《さぎ》ってのはあるけど、あれはガンガン詐欺だ。やたら元気に色んな所へ顔を出す」

樹木希林にはこんな言葉もある。内田について「今世は離れたままで。来世では会わないようにしたい」。生まれ変わったら内田とはもう会いたくないらしい。次に会ったらまた好きになって、またまた大変な人生になってしまうから。来世で会わない為《ため》にいま完璧《かんぺき》に付き合っているのだとか。素敵な夫婦である。

☆

素敵な老夫婦を追ったドキュメンタリー映画『人生フルーツ』がとてもよかった。17年の正月からずっとポレポレ東中野で上映している。ナレーションが樹木希林なのだ。

☆

ある時テレビの収録をしていたら本番中に四、五人の若い衆をひき連れ内田裕也が入ってきた。ツカツカッと私の所へ来てコピーを渡し「フミオさん、オレゆうべ一気に出番のセリフ書いてきたから。タミオ氏（景山民夫《かげやまたみお》）と覚えてそこんとこうまくやってヨロシク！　来週撮影ヨロシク」。勝手に私のイメージでセリフを書いてノーアポできて来週本番。出来たのが企画脚本内田裕也、監督宇崎竜童『魚からダイオキシン!!』。出演者に横山やすし、安岡力也《りきや》、ジョー山中、田《た》代《しろ》まさし。ほとんどNG界の人々。

「東京の芸能の基準を高田とする」（立川談志）

私が40歳の時（談志はこの時52歳だ）、練馬の家に呼ばれいきなり、

「ウ〜〜、これからは高田がいいと思ったものを基準としよう。若者たちをどんどんジャッジしていってくれ。もう少し若けりゃ、オレも永六輔《えいろくすけ》も色々分かったんだろうが、もう年齢《とし》だ。高田がいいと思ったものが、東京ではいいものなのだ。評論家なんかバカばっかりだから……。お前みたいに書いたり裏方やったりして、落語がうめぇヤツが一番だ。両方できるんだから文句はねぇだろう。それでもガタガタ言うヤツが居たら、オレに言って来い」

心強かった。この日から「関東高田組」の大進撃が始まった。浅草キッド、昇太、談春、志らく、松村邦洋《くにひろ》、大川豊、江頭《えがしら》2：50etc。

1990年の頃である。談志はこうも言っていた。

「昔だったら夏目漱石《そうせき》とか久保田《くぼた》万太郎だとか、アンツルもそうだろう。オレと永がいたけどもう年齢《とし》だ。田舎っぺの評論家が人前で喋《しゃべ》れもしねえのに偉そうに言っている奴《やつ》がいるが、ありゃインチキだ。東京の芸は東京の人間が決める。高田、それでいい！　言葉がなまる奴に何か言われる筋合いはねぇ‼」

☆

前座として入ってきたばかりの談春・志らくを外の空気にふれさせたかったのだろう。「噺家《はなしか》とはつきあうな。バカばかりだからだ」とも二人に言っていた。異種格闘技としてみんな揉《も》まれて面白くなっていった。

ジミー大西を初めて見て、ポツリ。「天然だね」（萩本欽一《はぎもときんいち》）

今は持って生まれたボケのことを「天然」と自然に言うが、一番最初に言ったのは欽ちゃん。さすがである（久々に出た大型天然がANZEN漫才のみやぞん）。

ラジオで初めて「コーマン」と叫んでしまったのはビートたけし。それまでは楽屋などでの業界用語として、マン○をこう呼んでいたのだが……さすが、タブーなき男。

離婚会見の時、おでこにマジックで小さく「×」を描いて出たさんま。誰からも気づかれず、いじってもらえず、最後に自分でネタ明かし。以来、離婚一回のことをみんな「バツイチ」と言うようになった。ちなみに、あの行為を「Hする」と名付けたナイスネーミングもさんま。

「あっち向いてホイ」を広めたのは欽ちゃん。「最初はグー、ジャンケンポン」を始めたのはドリフターズの志村けん。「たたいてかぶってジャンケンポン」は桂三枝《かつらさんし》（文枝《ぶんし》）。

本名を業界用語の逆さ言葉にしたのが森田のタモリ。実は森田一義《かずよし》の一義も、本名は義一。苗字《みょうじ》も名前もすべて逆さま。

【文庫追記】今考えた。「ジャン・ケン・ポン中」というのはどうか。「松竹梅毒！」

「人生に一番役立つのは、賢さ（IQ）より人柄」（どこかの博士）

　テレビを見ていたら、どこかの博士がこのような事を発表していた。勉強だけできたって社会に出たら何の役にも立たない。人から愛され、見られ、読まれる芸人・作家など芸能界では特にそうだ。超一流の国立出ていてもクソの役にも立たないが、日大とか農大くらいの愛嬌《あいきょう》とフットワークが、一番人から愛されると、古くから言われる。「人は人柄、寒いのは時節柄」である。

　ついでに記すと、昔からよく言われるのが「IQよりも愛嬌だ」。

☆

　かつて井上ひさしは書物の中でこう喝破した。

「洒落《しゃれ》はマジ（本気）に勝てる」

　学生時代、本の中で読んで以来、ずっと洒落一筋で生きてきた。マジほど怖いものはない。

☆

他の本にも書いたが私が心しているのは――「人生は五分の真面目《まじめ》に二分侠気《きょうき》(男気)残り三分は茶目に暮せよ」である。

☆

そして今でもテレビの体たらくを見て、何十年も昔に今野勉《つとむ》(TBSをやめて制作会社テレビマンユニオンを創《つく》った人)らがズバリ言いあてたテレビに対する言葉が胸につきささる。『お前はただの現在にすぎない』(1969年、TBS闘争の翌年に刊行されている)。

【文庫追記】あのあさま山荘以来、テレビはずっといま、、を映し出しているのが一番面白いのだ。

「あの落語で笑う客が悪い」（立川談志）

かつてフジテレビの深夜番組で、立川談志を中心に小朝、志《し》の輔《すけ》ら若手が出演する『落語のピン』というのがあった。若手の噺家《はなしか》なぞ、全然知らない談志。ハチャメチャな新作落語を演じ、ヤンヤと受けた三遊亭新潟（のちの白鳥）。モニターで見ていた次の出番の談志。「こんなヤツの後に高座に上がれるか、バカ野郎」と、とっとと帰ってしまった。あわてた白鳥、スタッフ。後日、談志の元へ詫《わ》びを入れにいった白鳥に対して「お前は悪くない。あの落語で笑う客が悪い」と言い放った。

白鳥で笑うな。若手だったこんな時代から昇太らとの「SWA」を経て、今や寄席《よせ》の看板にすらなりそうな白鳥。白鳥で笑うな。白鳥を甘やかさないで欲しい。白鳥に笑いという名の餌《えさ》を決してやらないで欲しい。

なんなら白鳥を下駄《げた》で踏んでほしい。わが愛するクドカンこと宮藤《くどう》官九郎が若き日に私とも葛藤《かっとう》する小説『きみは白鳥の死体を踏んだことがあるか（下駄で）』

（文春文庫）というのを書いている。三遊亭の方の白鳥は全然出てこない。出てくるのは私の方だ。

ちなみに白鳥もこのクドカンも日芸の私の後輩ですこぶるクリエイティブ。白鳥は童話を書いたり空手をやったりしていた。クドカンは学校になじめずすぐ下宿へ帰り、毎日私が喋《しゃべ》っている『ラジオビバリー昼ズ』をきいていた。大人になって世に出たクドカンはバンド「グループ魂」を阿部《あべ》サダヲらと結成。アルバムの中で「高田文夫になりたかったバウバウ有楽町で笑いたい」と歌う曲『高田文夫』を発表している。

「元祖・愛の讃歌《さんか》」（越路吹雪）

50年くらい前に、たしか永六輔《えいろくすけ》の本で読んだと思うのだが、天下のコーちゃん、越路吹雪がスタッフに叫んでいた。

「目にゴミが入っちゃってさ。風邪なのかしら、のどが痛くて鼻水も止まらないの。耳はキーンっていってるし……三日ばかり便秘でさ。おまけに生理が始まっちゃって……あ〜〜ッ、もう私の体の穴という穴、ぜーんぶダメ‼」

☆

三木のり平センセーの晩年、私は荒木町でよく一緒に呑《の》んでいろいろ聞いた。のり平センセーの家が四谷四丁目にあり越路吹雪の家が四谷一丁目にあったそうな。コーちゃんの家でほどよく呑んで下駄《げた》ばきでホロ酔いで家に帰る。途中、アンツルこと安藤鶴夫《つるお》の家がある。当時は作家・評論家として芸能界ににらみをきかせていた。好き嫌いのハッキリした芸評もよく新聞に書いた。

「ホロ酔いの帰り道、何が楽しいってアンツルの家の塀にバカヤローって小便かけんのよ。楽しかったなぁ」だとさ。パァーッといきましょう。

☆

のり平センセーとは二人だけで「五木ひろしのレコード、CDのB面だけを歌う」というカラオケバトルをやったが、すぐに息切れした私。のり平センセー、朝までずっとB面だけを歌っていた。良く知っているはずだ、「五木ひろしショー」の演出もやっていたんだっけ。

「希望と共に若くなる。失望と共に朽ちていく」（加山雄三《ゆうぞう》）

エレキの若大将、老いて益々《ますます》元気。テレビでうまいことを言っていたのでメモっておいた。伊東《いとう》四朗、山藤章二、元フジテレビの横澤彪《よこざわたけし》プロデューサーらと同じ年生まれだったと思う。若い、元気、相方は田中邦衛《くにえ》（青大将）。

☆

そういえば、昔のクイズ番組でガッツ石松。「加山雄三さんの若大将シリーズでライバルを演じた青大将といえば誰？」と聞かれて、すかさず「ヘビ！」と言っていたっけ。

「人にモノ　あげるだけなのに　粋《いき》と野暮」

（風眠＝高田の俳号）

ちょっとした心付け、チップ、プレゼントなどを渡す時の間《ま》、タイミングで人としてのセンスがバレる。「オレはこいつに、これをやるぞ」なんて声高に言うのが居るが、これが一番恥ずかしい行為。そっと、さりげなくが一番。

☆

談志に言われ、私の身の回りの世話などもしていたのが前座の頃の談春・志らく。いつもの荒木町のスナックで酔いつぶれてグッタリしちゃったのり平センセー。私は談春・志らくに言った。「いい想《おも》い出《で》を作ってやるよ。二人でのり平センセーを抱えるなり、おぶるなりして家まで運び、布団《ふとん》敷いて寝かしつけたら戻ってこい」。

やがて「行って参りました！」。映画フェチの志らく、いたく感激していたっけ。「のり平センセーを寝かしつけるって——一生の宝ができました」。

こういう喜びが分る奴《やつ》がいいのである。

【文庫追記】前座の頃の談春・志らくは私にくっついて色んなことを学んだと思う。東京人のスマートな遊び方も様々。銀座のお姐《ねえ》さま方から花柳界の芸者衆まで。そんな事教えてくれる兄弟子なぞ居ないからネ。それが今や『下町ロケット』『あいあい傘』、片や辛口コメンテイターだとさ。あ〜あこづかいくれねぇかなあ。

「その昔の日本。此《こ》の世のはみ出し者は〈ヤクザ〉〈女郎〉〈芸人〉だった」

（大衆芸能史）

人間以下とみなされた時代があった。江戸・明治・大正・昭和の中頃まで。今の時代も〈ヤクザ〉は男を売り〈女郎〉は身体《からだ》を売り〈芸人〉は芸を売った。男気を売るヤクザ、身体を売る風俗嬢はいるが、テレビには売っている芸はない。永六輔《えいろくすけ》は言った。「テレビくらい、下手な芸が似合うメディアはない」と。芸界のこと、放送のこと、すべてを全部を、必要な事はみーんな永六輔から教わった。

悪いことはぜーんぶ立川談志から教わった。出る側も作る側も、今のうちに古いことは先輩たちからいっぱい聞くといい。

気が付くとなくなっているのが、先輩とかっぱえびせんである。

「痛いの嫌い。苦しいのはもっと嫌い」（永六輔《えいろくすけ》）

私とまったく同じだ。永六輔のお別れ会で鎌田實《かまたみのる》先生が言っていた。

「永さんは『痛いのは嫌だ、苦しいのはもっと嫌だ。辛《つら》いのも嫌だ』と言って採血もやらず、人間ドックから出て行った」

「一日入って分かったことは永さんの体重と身長だけ」

アハハ、理想だ。

私の腕は細いので、血管がよく分からない。採血へ行くと4人、5人とナースが「出来ない」と逃げていく。うまい人が来ても4回、5回と針を失敗する。痛いし、なかなか採れないし、やだネ。

☆

昔、テリー伊藤《いとう》が東大生の血液をたこ八郎に入れると利巧になるのか、という実験をしていた。

孫に聞かれた。「お爺《じい》ちゃん、大きくなったら何になりたいの？」（永六輔《えいろくすけ》）

永六輔は小さな声で答えた。「仏さま」。大きくなったら仏さまになりたいなぞ、なかなか言える言葉ではない。永はこうも言った。

「お釈迦《シャカ》様は安らかな大往生でいいネ。その点、キリストの死に方は痛そうだ」

☆

そういえば辞書にある「蘇る・よみ‐がえる」という言葉。黄泉《よみ》から帰ってくるから「よみがえる」。黄泉とは「死後、魂が行くという所。死者が住むと信じられた国」。こんなのを読むとゾッとするネ。ビートたけしも私も、一度、その国に行って帰ってきてる訳だ。だから――ちっとやそっとじゃ死なない。死ねない。

「見上げてごらん　夜の星を……その星になってみせた永六輔《えいろくすけ》」

（遺族一同・後輩一同）

２０１７年７月７日。そう、七夕がやってくると永六輔の一周忌である。七夕に亡《な》くなったので、渡るのは三途《さんず》の川ではなく天の川。俗に三途の川の渡し賃、船賃が六文と言われる。六文銭は大河ドラマ『真田丸《さなだまる》』で有名になった真田家の旗印として名高い。六連銭とも言う。

ちなみに、私も三途の川に足首までつかったが、あの日は踵《きびす》を返して戻ってきた。２０１２年、此《こ》の世に帰ってくる時、仲の良かった小野ヤスシ、安岡力也《りきや》とすれ違った。小野ヤスシには、私が作った『スターどっきり㊙報告』のレポーターとして大活躍してもらった。安岡力也には『オレたちひょうきん族』でホタテマンとして大暴れしてもらった。古くは小野ヤスシはドンキーカルテット、安岡力也はシャープ・ホークスで『遠い渚《なぎさ》』という小ヒットがある。それより前、我々が高校生の頃、渋谷・世田谷を仕切る大番長が力也さんだった（私しか知らない事ですが）。本当に強かった。ホタテマンより強かった。

☆

小野ヤスシはいつも私に「日本で一番最初にサーフィンをやったのはオレだから。それを見て加山雄三《ゆうぞう》が始めたんだから」と言う。〝ドリフターズ〟から別れて作った〝ドンキーカルテット〟が好きだった。（本人曰《いわ》く）「何にもない、砂しかない鳥取から出てきてどうよ、このアカぬけた感じ」。スマートな人《ひと》だった。たしか成城大学に通ってたとか。

寒風の中、みんな逝《い》っちゃった（高田雑感）

そんなこんなで2017年が明けてまだ4か月しかたっていないのに、たくさんの思い出と文化を道連れに、味わい深い人が次々と旅立ってしまった。

神山繁《こうやましげる》、松方弘樹《まつかたひろき》、藤村俊二、青山ミチ、船村徹《とおる》、鈴木清順、かまやつひろし、長友啓典《けいすけ》、渡瀬恒彦《つねひこ》、チャック・ベリー、京唄子《うたこ》、ペギー葉山、三遊亭圓歌《えんか》……思い出したり語り合うだけでもいい供養《くよう》になると思います。合掌。

エッ⁉　青山ミチって死んでたの？　そう思う人も多いでしょう。新聞に小さく訃報《ふほう》が載っていたのを私が気付いただけ。〝混血児の星〟と言われ、パンチ力のあるその歌声は、当時の弘田三枝子《ひろたみえこ》と競っていた（そうです。ダイナマイトミコちゃんと呼ばれていた時代です）。

『ミッチー音頭《おんど》』なんてのが良かったですネ。数々の不祥事もあってスキャンダラスな人生だったのでマスコミの報道も小さかったのだろう。私とほとんど同じ年格好。67歳で旅立った。

☆

千代の富士が亡《な》くなった時、大相撲中継で、解説の北の富士がポツリと言っていた。

「3年前は大鵬《たいほう》さん、そして北《きた》の湖《うみ》、千代の富士。強い順に逝っちゃうんだな」

【文庫追記】そして18年。私の一年先輩、日大の学生横綱でもあった〝黄金の左〟輪島先輩が逝った。強かった。心まで豪快だった。

18年、思いつくまま名を挙げると、星野仙一・夏木陽介《ようすけ》・古今亭志《し》ん駒《こま》・大杉漣《れん》・金子兜太《とうた》・左とん平・立川左談次・月亭可朝・馬場元子・衣笠祥雄《きぬがささちお》・西城秀樹《ひでき》・星由里子・朝丘雪路・桂《かつら》歌丸・マサ斎藤・橋本忍・津川雅彦《まさひこ》・菅井《すがい》きん・さくらももこ・樹木希林《ききりん》・輪島・長部《おさべ》日出雄・角替和枝《つのがえかずえ》・森田雄三《ゆうぞう》（イッセー尾形の演出家）・フランシス・レイ……まだまだ沢山の人がいる。沢山の想《おも》い出《で》をありがとう。

＊番外編（ふろく）

「〝素《す》寒貧《かんぴん》〟こんな字だとは知らん貧《ぴん》」

「バカは風邪をひかない。ひいても分からない」

「大男総身に知恵が回りかね。小男は総身が知恵でも知れたもの」

「飛ぶ鳥は落とさず数える野鳥の会」

「起きて半畳、寝て一畳。尿瓶《しびん》置いても一畳半」

「頭隠して尻《しり》隠さぬソフトゲイ」

「我が家の姉も色づいて参りました」

（昨年の秋届いたハガキ。きっと姉ではなく柿だと思う）

「聞いて極楽、見て遅刻」

「目は口ほどにものを言ったらやかましい」

「三日坊主《ぼうず》。四日目には毛が生える」

「カネがモノを言う世の中になったら銀行の周りは〝ワーワー〟とうるさい」

「恋の季節は天気いいとキラーズ」

「仏の顔もサンドバッグ」
「お辞儀がトーシロー（素人《しろうと》）だと小言喰らう」
「最近、薬が増えて、記憶は減るんだ」（徳光和夫《とくみつかずお》の発言）
「箱根から西は日本だと思ってねぇんだよ」（徳光和夫の発言）
「おかげさまで、大学出の与太郎が多いから落語はすたりません」（三遊亭圓生《えんしょう》）
「一度裏切った奴《やつ》は、二度三度と裏切る」（昔昔亭《せきせきてい》桃太郎の発言）
「朝は人を嘘《うそ》つきにさせる」（お腹《なか》いたーい。学校行きたくなーい）
「仏さま、鬼ごっこまでして暇つぶし」
「金めあて身体《からだ》めあてかアンコ型」
「メロン届き病気の軽さ知らされる」
「立ち喰いのそばさえ嬉《うれ》しい退院日」
「ブスとバカ同窓会には集いすぎ」
「〝昔の女は忍んで来た。今の女は歩いてくる〟と言ったのは竹久夢二。私だったら〝今の女は走ってくる、そして追いこしてゆく〟」
「〝話し言葉〟に〝書き言葉〟で仕事をしてきたが、今は〝打ち言葉〟というらしい」
「早起きは三文とガーファンクル」
「付けひげを　またつけ直す　喜劇人」
「少し売れたからって表紙に載ってんじゃねーぞ」
「初鳴きのウグイス只今《ただいま》ドライリハ」
「やすらぎの郷《さと》で売れたハズキルーペ」
「メニューさえ勘亭流なり木挽町《こびきちょう》」
（還暦の時にしきのあきらは言った）
「もうではなくまだだ」（もう60ではなくてまだ60ってことだ）
「せきばらい圓生師匠の楽屋入り」

そして最後に、
「どんな悲しみも、笑いに翻訳できる大らかさがどうしても欲しい」

（高田文夫）

「過激にして愛嬌《あいきょう》あり」

戦争も出世争いも夫婦喧嘩《げんか》も、ユーモアを武器にすればすべて解消する（はずだ）。

（高田文夫）

本書は、平成二十八年四月新潮社より刊行された『私だけが知っている金言・笑言・名言録』と、平成二十九年六月新潮社より刊行された『また出た　私だけが知っている金言・笑言・名言録②』を合本・改題し、文庫化したものである。

色川武大著

うらおもて人生録

優等生がひた走る本線のコースばかりが人生じゃない。愚かしくて不格好な人間が生きていく上での〝魂の技術〟を静かに語った名著。

池波正太郎著

男の作法

これだけ知っていれば、どこに出ても恥ずかしくない！　てんぷらの食べ方からネクタイの選び方まで、〝男をみがく〟ための常識百科。

岩合光昭著

岩合光昭のネコ

10年以上に渡って47都道府県のネコを撮り続けた著者の決定版。人と風景に溶け込みながら逞しく、楽しそうなネコ、ネコ、ネコ！

伊丹十三著

ヨーロッパ退屈日記

この人が「随筆」を「エッセイ」に変えた。本書を読まずしてエッセイを語るなかれ。一九六五年、衝撃のデビュー作、待望の復刊！

石井妙子著

おそめ
―伝説の銀座マダム―

かつて夜の銀座で栄光を摑んだ一人の京女がいた。川端康成など各界の名士が集った伝説のバーと、そのマダムの華麗な半生を綴る。

遠藤周作著

十頁だけ読んでごらんなさい。十頁たって飽いたらこの本を捨てて下さって宜しい。

大作家が伝授する「相手の心を動かす」手紙の書き方とは。執筆から四十六年後に発見され、世を瞠目させた幻の原稿、待望の文庫化。

草間彌生著
無限の網
―草間彌生自伝―

果てしない無限の宇宙を量りたい――。芸術への尽きせぬ情熱と、波瀾万丈の半生を、天才自らの言葉で綴った、勇気と感動の書。

久住昌之著
食い意地クン

カレーライスに野蛮人と化し、一杯のラーメンに完結したドラマを感じる。『孤独のグルメ』原作者が描く半径50メートルのグルメ。

小山鉄郎著
白川静監修
白川静さんに学ぶ
漢字は楽しい

私たちの生活に欠かせない漢字。複雑で難しそうに思われがちなその世界を、白川静先生に教わります。楽しい特別授業の始まりです。

坂口安吾著
不連続殺人事件
探偵作家クラブ賞受賞

探偵小説を愛した安吾。著者初の本格探偵小説は日本ミステリ史に輝く不滅の名作となった。「読者への挑戦状」を網羅した決定版！

さだまさし著
はかぼんさん
―空蟬風土記―

京都旧家に伝わる謎の儀式。信州の「鬼宿」。長崎に存在する不老長寿をもたらす石。各地の伝説を訪ね歩いて出逢った虚実皮膜の物語。

沢木耕太郎著
流星ひとつ

28歳にして歌を捨てる決意をした歌姫・藤圭子。火酒のように澄み、烈しくも美しいその精神に肉薄した、異形のノンフィクション。

瀬戸内寂聴
瀬戸内晴美著
わが性と生
私が天性好色で淫乱の気があれば出家は出来なかった――「生きた、愛した」自らの性の体験、見聞を扮飾せずユーモラスに語り合う。

谷崎潤一郎著
陰翳礼讃・文章読本
闇の中に美を育む日本文化の深みと、名文を成すための秘密を明かす日本語術。文豪の精神の核心に触れる二大随筆を一冊に集成。

太宰治著
お伽《とぎ》草紙
昔話のユーモラスな口調の中に、人間宿命の深淵をとらえた表題作ほか「新釈諸国噺」「清貧譚」等5編。古典や民話に取材した作品集。

立川談四楼著
談志が死んだ
「小説はおまえに任せる」。談志にそう言わしめた古弟子が、この不世出の落語家の光と影を虚実皮膜の間に描き尽す傑作長篇小説。

筒井康隆著
笑うな
タイム・マシンを発明して、直前に起った出来事を眺める「笑うな」など、ユニークな発想とブラックユーモアのショート・ショート集。

つげ義春著
新版 貧困旅行記
日々鬱陶しく息苦しく、そんな日常から、そっと蒸発してみたい、と思う。眺め、佇み、感じながら旅した、つげ式紀行エッセイ決定版。

松沢呉一著

闇の女たち
—消えゆく日本人街娼の記録—

なぜ路上に立ったのか？　長年に亘り商売を続ける街娼及び男娼から聞き取った貴重な肉声。闇の中で生きる者たちの実像を描き出す。

町山智浩著

〈映画の見方〉がわかる本 ブレードランナーの未来世紀

魅力的で難解な傑作映画は何を描く？　資料と証言から作品の真の意味を読み解く、時代や人間までも見えてくる映画評論の金字塔。

向田邦子著

思い出トランプ

日常生活の中で、誰もがもっている狡さや弱さ、うしろめたさを人間を愛しむ眼で巧みに捉えた、直木賞受賞作など連作13編を収録。

森下典子著

日日是好日
—「お茶」が教えてくれた15のしあわせ—

五感で季節を味わう喜び、いま自分が生きている満足感、人生の時間の奥深さ……。「お茶」に出会って知った、発見と感動の体験記。

山本有三著

心に太陽を持て

大科学者ファラデーの少年時代の物語など、人間はどう生きるべきかをやさしく問いかけ、爽やかな感動を与えてくれる世界の逸話集。

山本周五郎著

季節のない街

〝風の吹溜りに塵芥が集まるように出来た〟庶民の街——貧しいが故に、虚飾の心を捨て去った人間のほんとうの生き方を描き出す。

JASRAC 出 1812968-801

ご笑納《しょうのう》下《くだ》さい

私だけが知っている金言・笑言・名言録

新潮文庫　た－125－1

平成三十一年一月一日発行

著者　高《たか》田《だ》文《ふみ》夫《お》

発行者　佐藤隆信

発行所　株式会社　新潮社

郵便番号　一六二―八七一一
東京都新宿区矢来町七一
電話　編集部(〇三)三二六六―五四四〇
読者係(〇三)三二六六―五一一一
https://www.shinchosha.co.jp

価格はカバーに表示してあります。

乱丁・落丁本は、ご面倒ですが小社読者係宛ご送付ください。送料小社負担にてお取替えいたします。

印刷・株式会社光邦　製本・株式会社大進堂

ISBN978-4-10-100441-9 C0195